Eduard Bonnell

Programm zu der öfftl. Prüfung der Zöglinge des Friedrichs-Werderschen Gymnasium

Eduard Bonnell

Programm zu der öfftl. Prüfung der Zöglinge des Friedrichs-Werderschen Gymnasium

ISBN/EAN: 9783743646643

Hergestellt in Europa, USA, Kanada, Australien, Japan

Cover: Foto ©Andreas Hilbeck / pixelio.de

Weitere Bücher finden Sie auf **www.hansebooks.com**

Programm,

womit zu

der öffentlichen Prüfung der Zöglinge

des

Friedrichs-Werderschen Gymnasiums,

welche

Mittwoch den 28. März 1860,

Vormittags von 9. Nachmittags von 2½ Uhr an

in

dem Hörsaale der Anstalt

(Kurstrasse No. 52.)

stattfinden wird,

die Beschützer, Gönner und Freunde des Schulwesens und des Gymnasiums

ergebenst einladet

Karl Eduard Bonnell,

Director und Professor.

Berlin, 1860.

Gedruckt in der Nauckschen Buchdruckerei.

Die Insel Cephalonia.

1. Lage.

Cephalonia oder, wie auch geschrieben wird, Cefalonia, im Jonischen Meere zwischen Ithaka (Theaki) und Zakynthos gelegen, gehört zu der Inselgruppe, welche heutiges Tages die Jonische Republik bildet. Die ganze Inselgruppe ist vulkanischen Ursprungs, der Hauptbestandtheil derselben Kalksteinfelsen, der mit Schluchten und Thälern untermischt, meist steil aus dem Meere hervorstarrt, und dessen Oberfläche nur mit einer nur wenige Fuss dicken Erdkrume bedeckt ist, die bei dem milden Klima und mit Hülfe künstlicher Bewässerung südliche Terrassencultur aller Art begünstigt, so dass eine zahlreiche Bevölkerung dort ihren Unterhalt findet und die kahlen Felseninseln, namentlich an den Küsten, mit Ortschaften und einzelnen Wohnungen übersäet sind[1]. Von den sieben Inseln, welche die Republik bilden, ist Cephalonia die grösste. Auch sie besteht aus Kalksteinfelsen und ragt wie ein grosser Berg aus dem Meere hervor, dessen östliche Seite die Höhe von 4000 Fuss erreicht. Wenn man sich ihr von der Südseite nähert, erscheinen anfangs die grossen, röthlich schimmernden Flächen fast überall kahl und unangebaut; nachdem sich aber das Auge an diesem Anblick gewöhnt hat, entdeckt es bald, wie auch die steilsten und fernsten Höhen mit grossem Fleiss bebaut sind, so dass die ganze Insel den steten Kontrast einer wilden, von schauerlichen Naturereignissen heimgesuchten aber von dem Fleisse der nie ruhenden Menschenhand wieder belebten Natur darbietet[2]. —

Der Name Cephalonia ist entstanden aus dem alten Namen Κεφαλληνία, den die Insel seit der historischen Zeit vorzugsweise führte. Denn dass beide Namen eine und dieselbe Insel bezeichnen, geht schon aus den Andeutungen der alten Schriftsteller über ihre Lage hervor, und auch von den Reisenden der Neuzeit findet gegen diese Ansicht kein Widerspruch statt[3]. Homer Od. 1, 671. 845. 15, 29., der die Insel

---

[1] Roon. Geographie. [2] Liebetrut, Reise nach den Jonischen Inseln p 253. [3] Dagegen sind über die Lage von dem Homer. Ithaka die Ansichten der neueren Reisenden verschieden. Auf Grund der Stelle nämlich bei Homer Od. 1, 246 Δουλιχίῳ τε Σάμῃ τε καὶ ὑλήεντι Ζακύνθῳ glaubt Spoon wie einige andere die Insel Homer. Insel Dulichium in der Nähe von Same und Ithaka suchen zu müssen und kömmt daher auf die Idee, die jetzige Insel Theaki, das Homer. Ithaka, sei das Homer. Dulichium, und die einige Meilen entfernter liegende Insel Atoko das Homer. Ithaka, eine Ansicht, die um so weniger Glaubwürdigkeit verdient, als einmal die Gestaltung dieser kleinen Felseninsel keineswegs der

1

nur unter dem Namen Same oder Samos kennt, erwähnt bereits, dass sie durch einen Kanal von Ithaka getrennt sei, woraus hervorgeht, sie in der unmittelbaren Nähe von Ithaka suchen zu müssen. Thuc. II, 30 berichtet, dass sie Akarnanien und Leucas gegenüber liege. Strabo X. p. 455 beschreibt ihre Lage schon genauer. „Es liegt aber, sagt er, Kephallenia gegen Akarnanien von Leucates ungefähr 50 Stadien (1½ Meile), nach andern 40 St. (1 Meile), von Chelonatas (in Elis) ungefähr 80 St. (2 Meilen) und von Zakynth 60 St. (1½ Meile) entfernt." Was nun die Angabe über die Entfernung von Leucates betrifft, so stimmt sie so ziemlich mit der Wirklichkeit überein; denn die Entfernung der beiden Vorgebirge von Leucas (jetzt C. Ducato) unter 35° 22' d. L. und C. Guiscardo in Kephallenia unter 38° 22', also beide unter demselben Meridian, beträgt nur etwas über eine deutsche Meile; weniger richtig aber ist, was er über die Entfernung von C. Chelonatas angiebt, welche nicht 80 St., sondern 180 St. (4½ M.) beträgt. Artemidor aus Ephesus nach Cellarius geogr. antiq. I. p. 1007 giebt die Entfernung vom Hafen Panormus auf Kephallenia bis Ithaka zu 85 St. (2¼ M.) an und nach Plinius hist. nat. 4, 12 beträgt die Entfernung von Ithaka 15000, von Paxus 11000 Schritt, eine Angabe, deren Richtigkeit oder Unrichtigkeit insofern nicht nachgewiesen werden kann, als man nicht weiss, von wo aus, ob von Cap zu Cap, oder von Stadt zu Stadt, Plinius rechnet. Nach neueren Angaben liegt die Insel Kephallenia zwischen 38° 10' und 38° 50' d. L. und 38° 8' und 38° 40' d. Br.', also zwischen den Breitengraden, zwischen denen in Sicilien Palermo und Messina, in Kleinasien Smyrna und die Insel Chios im Aegaeischen Meere liegen.

2. Grösse.

Von den sieben Inseln, welche einen aristokratischen Freistaat unter dem Schutze der Brittischen Krone bilden, ist Kephallenia die grösste; denn sie hat 16,39 Q.-M. mit 71,936 Einw.', Corfu (Corcyra) 10,69 Q.-M. mit 67.930 Einw., Santa Maura 8,48 Q.-M. mit 20,327 Einw., Zante (Zakynthos) 7,35 Q.-M. mit 37,153 Einw., Cerigo (Kythera) 5,46 Q.-M. mit 13,256 Einw., Theaki (Ithaka) 2,07 Q.-M. mit 11,480 Einw. und Paxo oder Paxos 1,22 Q.-M. mit 4742 Einw. Nach Spoon' ist sie zweimal grösser, als Corfu, indem sie 70 Lieues im Umfange habe und die andern nicht mehr als 35. Dem stimmt auch Wheler bei und fügt hinzu: „Obgleich sie nicht viel länger, als Corfu, so ist sie breiter". Müller' giebt ihre Länge zu 52, ihre Breite zu 31 Miglien an. Auch die Alten suchen ihre Grösse zu bestimmen. Strabo X. nimmt ihren Umfang zu 300 Stadien an und bemerkt, dass sie sich in der Länge gegen Osten ausdehne. Allein diese Angabe ist in Bezug auf den Umfang der Wirklichkeit nicht im Geringsten an-

---

Beschreibung Homer's entspricht, auch auf Ithaka selbst der Name Dulichium unbekannt ist, dagegen der Name Ithaka von den Bewohnern häufig erwähnt wird; andrerseits auch Homer Od. I. 671. 845. 15. 20 namentlich erwähnt, dass Same d. h. Kephallenia durch einen Kanal von Ithaka getrennt ist, und ferner die Untersuchungen eines Gell, Dodwell die Identität der heutigen Insel Theaki mit dem Homer. Ithaka ausser allem Zweifel gesetzt haben *) Müller, Reise nach Griechenland.
') Ungew. II. p. 205. ²) Reise nach Griechenland. ³) p. 195.

3

nähernd. Bezieht man aber diese Anzahl Stadien auf die Länge, so stimmt die Angabe so ziemlich mit dem überein, was neuere Reisende über die Längenausdehnung berichten. Die Entfernung vom Cap Capri auf der südöstlichen Seite bis zum Cap Guiscardo oder Viscardo auf der nordöstlichen Küste, Ithaka gegenüber, beträgt 7½ deutsche Meilen (300 Stadien). Ebenso weicht Plinius 4, 12 mit seiner Angabe über die Grösse des Umfanges, wenn man dafür Länge setzt, nur unbedeutend von der vorigen Bestimmung ab; denn er nimmt die Umfangsgrösse zu 93,000 Schritt oder 44 Röm. Migl. (7¾ deutsche Meilen) an, und so gross ist ungefähr die Entfernung der Ostküste von Norden nach Süden.

3. Namen.

Der Insel sind nach Strabo's Anführungen aus andern Schriftstellern verschiedene Namen beigelegt worden, von denen der Name Kephallenia seit der historischen Zeit der gebräuchlichste war. Diese Namen sind Teleboa oder Taphus, Kephallenia, Same oder Samos, Dulichium, Tetrapolis und Melaena.

a) Teleboa. Strabo X. erwähnt, einige Schriftsteller hätten keinen Anstand genommen, Kephallenia für einerlei mit Dulichium zu halten, andere mit Taphus und zu behaupten, die Kephallenier würden Taphier genannt und Teleboer. Es werden aber als älteste Bewohner Pelasgischen Stammes in Akarnanien die Teleboer oder Taphier erwähnt, beide Namen als Bezeichnung eines und desselben Ursprungs oder verwandter Stämme; denn die Stammeshäupter Telebous und Taphios waren Brüder[1]. Telebous starb wahrscheinlich kinderlos, wenigstens wird eines Nachkommens desselben nirgends erwähnt, und somit trat Taphios, den die Sage, um damit die Einwanderungen zur See zu bezeichnen, zu einem Sohn des Poseidon macht, an die Spitze beider Stämme, die seitdem vereinigt beide Namen führten[2]. Sein Sohn Pterelaos war im Besitz von Kephallenia; denn von hier aus wurde nach einer Erzählung des Scholiasten zu Od. 17, 207 von den Söhnen des Pterelaos Ithaka besetzt. Es scheinen somit die ersten Bewohner Kephalleniens Teleboer oder Taphier gewesen zu sein, nach denen die Insel zuerst benannt worden ist.

b) Kephallenia. Der Name Teleboa trat in den Hintergrund, als Kephalos, wie weiter unten gezeigt werden wird, in Verbindung mit dem Amphitryon einen Kriegszug gegen Pterelaos unternahm und nach dessen Besiegung Herrscher von Akarnanien und der übrigen von den Teleboern bewohnten Inseln wurde Er verlegte seinen Wohnsitz nach Teleboa, und seitdem wurde die Insel nach ihm Kephallenia benannt, sowie die Städte nach seinen Söhnen[3], die Steph. Byz. (v. Κράνιοι) Pronesus, Samos, Peleus oder Paleus und Kranios nennt.

Den Namen schreiben Homer, Strabo, Polybius, Xenophon, Pausanias, Thucydides mit doppeltem λ; Scylax, Ptolemaeus und die Neueren mit einfachem. Plinius schreibt Cephallania[4]

---

[1] Eust. p. 1473. Schol. Apoll. A. 147. [2] Apoll. II, 4, 5. [3] Strabo X, 454. [4] Hist. nat. IV. c. 12.

1*

c) **Same** oder **Samos**. Kephallenia als Inselname scheint dem Homer unbekannt gewesen zu sein; wenigstens nennt er sie nicht so, sondern kennt sie nur unter dem Namen Same oder Samos[1], womit er sowohl die Insel als die Stadt bezeichnet; dagegen nennt er die Bewohner Kephallenen, versteht aber darunter nicht blos die Einwohner der Insel, sondern alle diejenigen, welche unter der Anführung des Odysseus den Zug gegen Troja mitmachten[2]

d) **Dulichium.** Ueber die Lage des Homer. Dulichiums herrscht eine grosse Meinungsverschiedenheit. Einige halten die heutige Insel Theaki dafür, eine Ansicht, die schon Seite 1 Anmerk. 3 als unwahrscheinlich angeführt ist Andere, wie Hellaniens von Strabo angeführt, halten Kephallenia für Dulichium, und Pherecydes glaubt, dass Homer unter Dulichium Pales verstehe. Dagegen sträubt sich Strabo und sagt: „Am meisten steht der mit Homer im Widerspruch, welcher Kephallenia und Dulichium für einerlei hält, indem der Freier von Dulichium zwei und fünfzig waren, von Same vier und zwanzig. Denn er würde doch wohl nicht sagen, dass es aus der ganzen Insel so viele, und aus einer der vier Städte die Hälfte davon, weniger zwei, gewesen seien. Und wenn auch Jemand das zugeben wollte, so möchten wir fragen, was für ein Same das war, wenn er so spricht:

Same, Dulichion auch, und der wälderreichen Zakynthos[3].‟

Schon die Anzahl der Freier spricht gegen die Ansicht des Hellanicus. Dazu kommt aber noch, dass, wie später gezeigt werden wird, die Gestalt der Insel in grauer Vorzeit eine andere gewesen ist als jetzt, insofern die heutige Halbinsel Erisso früherhin eine besondere Insel war und erst in der Folge mit der grösseren Insel zusammenwuchs.

Wollte man auch annehmen, dass Homer den doppelt so grossen östlichen Theil der Insel mit dem Namen Same, und den kleineren südwestlichen, d. h. die heutige Halbinsel Paliki, mit dem Namen Dulichium bezeichnet habe, so ist das Missverhältniss der Freier für die Ansicht des Pherecydes erst recht unglünstig, indem aus dem grösseren Theil der Insel nur vier und zwanzig und aus dem kleineren zwei und fünfzig wären. Ebenso wenig ist wohl die Ansicht aufrecht zu erhalten, dass Homer mit dem Namen Dulichium und Same ein und dieselbe Insel bezeichnet habe. Dulichium ist weder auf Ithaka, noch Kephallenia zu suchen. Daher sind Andere der Meinung auf Grund der vorher angeführten Stelle Od. 1, 246, das Homer. Dulichium sei in Folge der Erdbeben versunken und habe zwischen Kephallenia und Zakynthos gelegen. Und diese Ansicht herrscht auch noch heutigen Tages bei den Schiffern Kephalleniens, und die Stelle, wo sie gestanden, wurde Dodwell gezeigt[4]. „Während meiner Ueberfahrt von Zakynthos nach der Küste von Aetolien, erzählt er, segelten wir über eine Klippe von ungefähr acht Fuss unter der Oberfläche des Wassers. Der Sckiffscapitain zeigte

---

[1] Samos: Il. 2, 634. Od. 4, 671. 15, 29. Same: Od. 1, 246. 9, 24. 15, 366. 16, 124. 249. 19, 131. 20, 288. Ovid. Met. 13. 711 Samenque, wo freilich in vulg. auch Samumque, steht. Virg. Aen. 3, 271. [2] Od. 20, 210. 21, 355. 378. 429. Il 2, 631—637. [3] Od 1, 246 Δουλίχιῳ τε Σάμῃ τε καὶ ὑλήεντι Ζακύνθῳ. [4] Dodwell, Reise nach Griechenland B. I p. 146.

sie mir und sagte: „Hier war Dulcicha." Verwundert darüber, ihn einen Namen nennen zu hören, von dem ich glaubte, dass er hier zu Lande unbekannt sei, bat ich ihn um eine Erklärung darüber. Er sagte, dass die zu Ulysses Zeit so berühmte Insel Dulichium dieselbe wäre, über die wir soeben gingen." Noch andere griechische Schiffer theilten ihm die Nachricht mit, dass zwei Meilen von dem Vorgebirge di Scala in Kephallenia sich eine versunkene Insel befinde, genannt Kabaka, die sich sieben Meilen weit erstreckt und fast durchaus nur sechs Fuss unter der Oberfläche des Wassers ruht, so dass sie eine sehr gefährliche Klippe bildet. Sie behaupten sogar, bei ruhiger See noch die Trümmer von Gebäuden auf ihr bemerkt zu haben. Nach einer anderen Sage soll dort eine Stadt versunken sein. Dem ist aber nicht so. Klippen sind allerdings da, aber nicht die Reste einer versunkenen Insel, nur Ausläufer von dem Felsenboden Kephalleniens, von Gebäudetrümmern übrigens keine Spur. Strabo und die alten Schriftsteller überhaupt kennen diese Nachrichten von einer versunkenen Insel nicht. Im Gegentheil sucht Strabo dieses Homer. Dulichium nicht zwischen Kephallenia und Zakynthos sondern näher der Akarnanischen Küste unter den Echinaden, von denen zu seiner Zeit noch eine Doliche hiess, an der Mündung des Achelousflusses. Die Küste Akarnaniens, namentlich am Ausfluss des Achelous, hat im Lauf der Jahrhunderte hinsichtlich der Gestalt und Ausdehnung manche Veränderungen erlitten. Was früher Meer war, wurde allmählich Schlamm, und Land und Inseln, die früher weiter im Meere lagen, sind der Küste näher gerückt. „Der Schlamm des Achelous, erzählt Strabo, hat schon einige Inseln mit dem festen Lande verbunden, da er in Masse herab geschwemmt wird. Aus diesem Grunde ist auch die Gegend auf beiden Seiten des Achelous von alten Zeiten her ein Zankapfel gewesen, indem der Fluss immer weiter die Grenzen, die zwischen den Akarnanen und Aetoliern bestanden, verschüttete." Nach der Mythe soll Hercules den Achelous bezwungen haben, indem er ihm das Horn der Amalthea entriss und dem Oeneus, dem Herrscher dieser Gegenden, schenkte, d. h. er zwängte den Achelous, der sich in mehreren Armen ins Meer ergoss, durch Dämme in sein natürliches Bett zurück, legte einen grossen Theil des an den Fluss stossenden Landes trocken und gab es dem Oeneus als Brautgeschenk für dessen Tochter Dejanira.

In dieser Gegend ist nach Strabo das Homer. Dulichium zu suchen. Auch die Stelle bei Homer Il. 2, 625—630, wo er Dulichium und die Echinaden in Verbindung setzt,

Die aus Dulichium sind und den heiligen Echinaden,
Meereilande, die fern von Elis Ufer man schauet, u. s. w.

zeugen für diese Ansicht. Eine zweite Stelle hierfür ist auch das 14. B. der Odyssee'. Nachdem Ulysses auf Ithaka angelangt ist, erkundigt sich Eumaeos, wer er sei und woher er komme. Ulysses erzählt ihm, er stamme aus Creta[10], sei mit 9 Schiffen nach Aegypten gesegelt[11], und dort beim Plündern gefangen worden; aber vom Könige Aegyptens gastlich aufgenommen, habe er sieben Jahre dort verweilt[12] und sei dann von

---

[9], v. 165—216. [10]) v. 199. [11]; v. 246. [12], v. 285.

einem schlauen Phönizier nach Phönizien gebracht worden[12]; dieser habe ihn nach Libyen verkaufen wollen, das Schiff sei aber nördlich von Creta[13] durch einen Blitzstrahl zerschmettert worden und er habe an den Mast sich haltend das Land der Thesproten erreicht[14]; der König des Landes habe ihn dann entlassen; denn es trat sich, dass ein Schiff Thesprotischer Männer zu Dulichiums Weizengestaden abfuhr[15]. Unterweges, führt er fort, sei er seiner Habe beraubt und bei der Landung auf Ithaka durch Hülfe der Götter aus den Händen der Schiffer gerettet worden.

Pherecydes, von Strabo X angeführt, glaubt, Homer habe unter Dulichium Pales verstanden, und Pausanias VI, 13, 3 bestätigt, dass die Palenser in früherer Zeit Dulichier genannt worden sind Wenn nun auch die erstere Ansicht nicht der Wahrscheinlichkeit entspricht, so scheint doch aus beiden Stellen hervorzugehen, dass früher auf Kephallenia Dulichier sich niedergelassen haben. Und diese Dulichier sind wahrscheinlich von Akarnaniens Küsten mit herüber gewandert und haben sich auf der Halbinsel Paliko niedergelassen und der Stadt und der Gegend den Namen Dulichium gegeben, womit vor Kephalos Ankunft vielleicht die ganze Insel benannt worden ist. Als aber Kephalos sich der Insel bemächtigte, und sein Sohn Paleus mit neuen Ankömmlingen Herr dieses Districtes wurde, verschwand der alte Name gegen den neuen.

e) **Tetrapolis** wurde die Insel genannt nach ihren vier Städten, von denen Strabo nur drei namentlich anführt, Same oder Samos, Pronesus und Kranioi, wenn nicht etwa für *πόλεις* der Name *Παλεῖς* zu lesen ist, den Thucydides II, 30 erwähnt und Polybius v, 3 *Παλεοῦς* nennt. Der Name kam vielleicht erst auf nach dem Aussterben der Königsfamilie, als die einzelnen Städte selbstständige Stadtgemeinden bildeten und zu einem Städtebund zusammentraten; denn *Τετράπολις*, wie *Πεντάπολις*, *Ἑξάπολις* zeigt eine Verbindung mehrerer Stadtgemeinden und Städte an.[16]

f) **Melaena**. Plinius hist. nat. 4, 12.[17] versteht unter Kephallenia und Same zwei verschiedene Inseln und meint, Kephallenia sei ehemals Melaena genannt worden. Aus der ersteren Annahme geht unzweifelhaft hervor, dass Plinius diese Inseln nicht besucht sondern seine Nachricht nur unsicheren Quellen entlehnt hat. Der Name Melaena (*μέλαινα*) ist wohl nur ein Beiwort, hergenommen von dem Anblick, den die Insel bietet, wenn man sich ihr von Zakynth her nähert. Denn noch jetzt, nachdem längst die reichen Waldungen verschwunden sind, womit in früherer Zeit der Aenos geschmückt war, gewährt die Insel einen herrlichen Anblick, ähnlich einem grossen Riesenberg, der allmählich mit seinen Buchten und Felsenthälern dem Auge sich klar und deutlich darstellt; um wieviel mehr in früherer Zeit, als nicht die holzkahlen Felsen, sondern die dunkeln Wälder sichtbar wurden.

---

[12]) v. 290. [13]) v. 300 *ὑπὲρ Κρήτης*. [14]) v. 313. [15]) v. 334. [16]) Pott, die Personennamen S. 46. [17]) Ante eas (Echinades) in alto Cephallania, Zakynthus, utraque libera. Ithaka, Dulichium, Same, Crocyle. A. Paxo Cephallania quondam Melaena dicta XI milibus p abest.

4 Gestalt.

Die Insel hat die Gestalt eines spitzwinkligen Dreiecks, dessen längste Seite die Ostküste vom Cap Viscardo bis zum Cap Kapri, die mittlere die Südküste und die kleinere Seite die Westküste bezeichnet. Ihre grösste Ausdehnung geht von Nordwest nach Südost. Die Nordküste bildet eine fast gerade Linie, nur durch den halbkreisförmigen Busen von Same unterbrochen, die Südseite ist bogenförmig gestaltet mit dem tief einschneidenden Busen von Argostoli, die Südwestseite ziemlich gerade bis zum Cap Athera. Die Insel besteht aus einer Art Festland mit zwei ziemlich bedeutenden Halbinseln, von denen die nach N. mit Ithaka parallellaufende den Namen Erisso führt, die auf der Südwestseite gelegene nach S. auslaufende Paliki heisst. Die Nordostküste vom Cap Athera, später in Caprara, dann Cap Viscardo oder Guiscardo, zum Andenken an den Normannenherzog Robert Guiscard, der im Kriege mit Alexius, dem Kaiser von Constantinopel begriffen, im sechs und zwanzigsten Jahre seiner Herrschaft und im siebenzigsten Jahre seines Lebens hier starb[1], läuft in fast gerader Richtung bis zu dem südöstlich gelegenen Cap Kapri aus und bildet bei der heutigen Stadt Same einen halbkreisförmigen Einschnitt. Von hier aus wendet sie sich in fast südlicher Richtung bis zum Cap Scala, bildet dann eine halbkreisförmige Bucht, deren westliche Spitze das Cap Korogra ist. Von da wendet sich die Küste, nachdem sie einen grösseren Busen gebildet, bis zum Cap Liako, anfangs ziemlich westwärts, dann aber in fast gerader Richtung nach N. und bildet die Ostseite des ziemlich breiten, zwischen dem Vorgebirge St. Nicolo und Aji sich 4—5 Stunden ins Land hineinziehenden Meerbusens von Argostoli, der mit seiner Westseite die Ufer der Halbinsel Paliki, die fast so gross ist, wie das auf der entgegengesetzten Seite der Insel liegende Ithaka, bespült. Diese Insel hat die Gestalt eines länglichen, sonst regelmässigen Vierecks, wenn man von den kleineren auf der Westseite gelegenen Buchten und Einschnitten absieht. Von der nordwestlichen Spitze dieser Halbinsel, dem Cap Athera, (nicht zu verwechseln mit dem auf der Nordostseite der Halbinsel Erisso gelegenen Cap gleichen Namens) läuft die Küste in Gestalt eines Bogens nach Südost, wendet sich dann um die kleine Halbinsel Asso herum in ziemlich gerader Richtung nach N. als Westseite der Halbinsel Erisso. Ausser dem Meerbusen von Argostoli, der auf seiner östlichen und nördlichen Seite von steilen Gebirgsabhängen begrenzt wird, westwärts aber die Ufer der allmählich bergansteigenden Hochebene der Halbinsel Paliki bespült, und einigen kleineren Busen auf der Südseite ist noch beachtenswerth der Busen von Same, der der Residenz des Odysseus gegenüberliegt. Er bildet einen Halbkreis und ist ziemlich tief. Seine östliche Seite ist eine Halbinsel, deren nördliche Spitze in dem Cap Chelia ihren Ausgang findet. Auf ihr liegen die Ruinen der alten Stadt Same. Dem Busen von Same gegenüber lagert sich Ithaka mit seiner Bucht von Aftos so, dass der Meeressund zwischen den beiden Inseln wie

---

[1] Annae Comnenae Alex. 6, 6.

ein grosser, von hohen Bergen umschlossener Landsee erscheint. Ein dritter Busen, der Golf von Asso, der nur für vier grössere Schiffe Raum hat, aber bei Stürmen keine Sicherheit gewährt, liegt auf der Westseite.

Wie bei der Küste von Akarnanien im Laufe der Zeit vielfache Veränderungen stattgefunden haben, so ist auch die Gestalt der Insel Kephallenia und ihre Grösse nicht immer dieselbe gewesen. Inseln, die früher herumlagen, sind nach und nach mit der Hauptinsel zu einem Ganzen verbunden worden; Thäler und Ebenen, die jetzt angebaut und fruchttragend sind, waren früher Meeresgrund. Die Küstenebene südlich von Argostoli, welche den District von Livadho bildet, die schönste und reichste Gegend der ganzen Insel, scheint früher Meeresboden gewesen zu sein; denn man findet noch jetzt Ueberbleibsel von Schiffsringen und andern Schiffsgeräthen, deren Vorhandensein zu obiger Vermuthung Anlass giebt. Die Halbinsel Erisso, eine Hochebene, die sich nach beiden Seiten zur Küste hinabsenkt, ist, wenn man auf die Gestaltung auf der Südseite einen näheren Blick wirft, in vorhistorischer Zeit unleugbar eine Insel gewesen. Auf der Südseite wird nemlich diese Halbinsel durch ein Thal, welches sich von St. Eufemia am Canal von Viscardo nach der Westseite der Insel hinzieht, von dem grösseren Inseltheil getrennt. Dieses Thal besteht ganz aus angeschwemmtem Lande, welches nur wenig höher ist als das Meer[1]. Strabo B. 10 bemerkt, dass noch zu seiner Zeit da, wo sie am schmalsten ist, einen niederen Isthmus gebildet habe, der oft vom Meere überschwemmt worden sei.

Wenn er aber behauptet, dass nahe an dieser schmalen Stelle am Busen die Städte Cranii und Pales gelegen haben, so irrt er; denn sie liegen nicht weit von der Südküste, oder er hat vielleicht die Insel nicht selber besucht und nur nach Hörensagen oder anderen Mittheilungen ungenau berichtet. Es ist also zu vermuthen, dass Strabo dasselbe Thal gemeint hat, welches die Südseite von Erisso bildet. Eben so soll die nordöstliche Halbinsel, auf der die Ruinen der alten Same liegen, in früherer Zeit eine Insel gewesen sein und zwar, wie Einige behaupten, die Homer. Insel Asteris', von Strabo Asteria genannt; allein die ganze Beschaffenheit des terrassenmässig ansteigenden Bodens bis zur Hochebene Pyrgi macht die Annahme einer früheren Insel höchst unwahrscheinlich und somit ist auch hier nicht die Asteris zu suchen. Da sie aber nach den Andeutungen Homer's mitten im Meer zwischen Kephalenia und Ithaka gelegen hat, so glauben Andere, sie sei die jetzige kleine Insel Daskolio, Didaskalio, Didaskolo, Mathetorio; denn dieser Inselname wird, wie Dodwell B. 1. p. 88 bemerkt, verschiedentlich angegeben. Allein diese Insel ist zu klein und entspricht in ihrer Gestaltung keineswegs der andeutenden Beschreibung des Homer, der von ihr sagt:

— — — — Doch enthält's schiffbergende Häfen,
Doppelt von Einfahrt'.

Apollodor, von Strabo X p. 455 angeführt, sagt, sie sei noch jetzt so, und auf ihr befinde sich das Städtchen Alalkomenä, wogegen Plutarch in seinen griechischen Fragen

---

[1] Goodisson S. 132. 133. Kruse, Hell. II, p. 453. [2] Od. 4. 846.

berichtet, dass Alalkomenä in Ithaka war, nach einer Stadt desselben Namens in Bocotien so genannt. — Dies passt aber alles nicht auf diese kleine felsige Insel. Sie enthält zwar, wie Dodwell p. 88. berichtet, Ueberbleibsel eines Klosters von St. Nicolo, allein keine Trümmer aus dem Alterthum. Wo ist nun aber die Insel Asteris zu suchen? Die Antwort ist nicht schwer, wenn man die Halbinsel Erisso berücksichtigt. Kruse Hell. II, 2 p. 453 bemerkt, es wäre wahrscheinlich, dass zu Homer's Zeit die Versandung beide Inseln noch nicht verbunden habe. „Dieses giebt, sagt er, das schönste Licht über einen sehr schwierigen Punkt der Homer. Geographie, der darum bis hierher noch nicht aufgeklärt war, weil Goodisson der erste war, der die vormalige Trennung der beiden Inseln entdeckte, ohne zu ahnden, was für die Homer. Geographie daraus erhelle.

Die Stelle Homer's Od. 4, 842—847, in welcher von der Insel Asteris die Rede ist, sagt folgendes darüber:

> Aber die Freier im Schiff durchsegelten flüssige Pfade,
> Stets des Telemach's Mord in grausamer Seele bewegend.
> Mitten liegt in dem Meer ein Eiland, schroff von Geklippe,
> Dort, wo Ithaka scheidet der Sund von der felsichten Samos,
> Asteris, nicht sehr gross; empfänget mit doppelter Einfahrt
> Schiffe der Port; hier lauernd erwarteten ihn die Achäer.

Diese Insel, führt Kruse fort, wurde schon von den Alten vielfach gesucht, aber vergebens, weil im Laufe der Zeit die Natur Kephalleniens sich verändert hatte und aus zweien eine Insel geworden war. Alle Dunkelheit verschwindet, wenn wir die heutige Halbinsel Erisso für die alte Asteris nehmen. Dann ist der doppelte Hafen in dem heutigen Assos auch gefunden, was Livius Nesiotae nennt und die Beschreibung Homer's ist vollkommen genau. Die kleine Felseninsel ohne Hafen aber im Canal von Kephallenia, welche Dascallio heist und von Gell für Asteris gehalten wird, ist dann die kleine Insel Prote, welche wir bei Plinius[1] hier verzeichnet finden."

5. Boden.

Der Hauptbestandtheil der Insel ist, wie schon früher bemerkt worden, Kalksteinfelsen, auf dem eine einige Fuss dicke Erdrinde ruht. Dieser Felsen erhebt sich in verschiedenen Formen, bildet verschiedene Hochebenen, theils fruchtbarer, theils unfruchtbarer Natur, und ist überhaupt so gestaltet, dass der eine Theil der Insel sich nach Osten, der andere nach Westen hinabsenkt. Beide sind wieder durchschnitten von kleinen Bergzügen und tiefen Thälern. Auf diese Weise wird die ganze Insel in vier Theile getheilt, von denen jeder durch eine natürliche Grenzscheide von dem andern getrennt ist. Der höchste Gebirgszug ist im südöstlichen Theil der Insel. Fünfzehn Miglien vom Südende erhebt er sich plötzlich zu der bedeutenden Höhe von 4000 Fuss unter dem Namen des schwarzen Berges, von Strabo Αἶνος und auch

---

[1] Plin. 4, 12. Mela 2, 7.

jetzt noch Aenos genannt, ital. Monte Nero. In früherer Zeit war er mit dunkelen Fichtenwäldern bedeckt, die aber zur Zeit der Venezianischen Regierung zum Theil niedergehauen worden sind. Auf seiner obersten Spitze bildet er eine Fläche von ungefähr 60 Fuss im Umfange. Nach Strabo X stand auf diesem Berge ein Heiligthum des Zeus Ainesios, der nicht allein in Kephallenia grosse Verehrung genoss, sondern auch in dem übrigen Griechenland in grossem Ansehen stand; denn nach einer Erzählung des Hesiod soll Zetes, Sohn des Boreas aus Athen, bei der Verfolgung der Harpyien nach den Strophadischen Inseln den Zeus Ainesios um Hülfe angefleht haben. Ob dies Heiligthum ein Tempel oder nur ein Altar gewesen sei, lässt sich nicht nachweisen, da die Stelle, wo er gestanden, nicht ausgemittelt ist. Wenn die Griechen, wie Pindar erwähnt, für ihre Zeustempel die höchsten Höhen aussuchten, die Bergspitze aber nur 60 Fuss im Umfange hat, so ist wohl anzunehmen, dass ein Tempel auf ihm nicht gestanden hat. Vielleicht aber stand ein solcher etwas tiefer im Walde. Uebrigens fehlt auch hierüber jede sichere Kunde, indem St. Sauveur[1], der seit dem Jahre 1782 bis zum Jahre 6 der Franzö. Republik auf den Ionischen Inseln Franzö. Consul war, zwar der Thatsache erwähnt, dass man zu seiner Zeit noch sehr schwache Spuren von diesem Gebäude, auch Medaillen mit dem Bildniss des Gottes gefunden, ohne jedoch die Stelle näher zu bezeichnen. Nördlich von dem Monte Nero, der bis zur Höhe von 2000 Fuss angebaut ist, erhebt sich ein zweiter Berg, Atros genannt, während im Süden des Monte Nero der Koronosberg seine Ausläufer bis ins Meer hinabsenkt. Zwischen diesen Bergen auf der Ostseite der Insel liegt ein fruchtbares, aber kaum 4 Miglien langes Thal, in welchem auf einer Anhöhe, nach den vorgefundenen Trümmern cyclopischer Bauart zu urtheilen, eine alte Stadt gestanden haben mag. Mit den Ausläufern des Monte Nero steht im N. die kahle und spärlich bevölkerte Hochebene in Verbindung, die sich allmählich bis zum Samischen Busen und zum Cap Chelia hinabzieht und auf ihrem Abhange durch conische Hügel, Schluchten und kleine Thäler unterbrochen dem Auge die grösste Ueberraschung darbietet. Ueberhaupt liegt beim Vorgebirge Chelia die reichste Gruppe der Berge, die mit ihren Hügeln und Buchten von Ithaka aus gesehen, einen wundervollen Anblick gewähren. Von dem Meere aus erheben sie sich dicht an einander gedrängt auf einer zirkelrunden in das Meer tauchenden Grundlage immer höher und höher bis zum Kamm der Hochebene Pyrgi. Zwischen diesen Bergen erblickt man an der Küste entlang tief eingeschnittene Buchten, von denen aus lachende Schmalthäler bis zu den hohen Bergfirnen gegen den dunkelen Rücken des Monte Nero aufsteigen.

Die westlichen Ausläufer des Monte Nero, die eine fast ununterbrochene Kette unfruchtbarer Berge bilden, fallen von der Ostseite des Busens von Argostoli steil ab. Auf der Spitze der höchsten dieser Berge steht eine kleine griechische Kirche, dem heiligen Theodor geweiht. Bei der Einfahrt in den Busen von Argostoli, in der Nähe der Südostseite der Halbinsel Paliki, erhebt sich ein Fels, Guardiani genannt, mit einem der heiligen Jungfrau geweihten griech. Kloster und Kirche. Die Halbinsel Paliki,

---

[1] Les Iles Ioniennes III p, 78.

welche den südwestlichen Theil der Insel bildet, ist eine Hochebene, die vom Meerbusen von Argostoli allmählich emporsteigt und zu den fruchtbarsten Ebenen der Insel gehört. Nach der Westseite zu fällt sie steiler ab und bildet dort verschiedene Höhlen, in die das Meer eingedrungen ist. Die Decke der einen soll in dem schönsten Farbenspiel glänzen und dadurch einen sehr reizenden Anblick gewähren, in der anderen sollen Stalaktiten vorhanden sein.

Die Halbinsel Erisso, der nördlichste Theil der Insel, ist nur wenig fruchtbar und weniger angebaut; an der Nordseite der Bay von Viscardo erhebt sich ein kleiner Berg, der mit grossen Steinen wie besäet ist. Auf seiner Höhe befinden sich die Ruinen des Castell's Viscardo, das durch Erdbeben zerstört wurde. Südwestlich liegt ein Kirchlein mit Cypressen umgeben, höher hinauf ein Dörfchen und westlich ein Berg, den Oelbäume und Myrthengesträuche mit einer grünen Hülle bekleiden[1]. Nördlich am Busen von Same erhebt sich die fruchtbare Samische Ebene. Von Argostoli führt nun eine Kunststrasse am westlichen Fusse des Monte Nero vorbei nach Samos, das man jetzt in fünf bis sechs Stunden erreichen kann, während man früher zu dieser Reise wenigstens zehn Stunden gebrauchte. Von Argostoli aus steigt man, von theilweisen Senkungen abgesehen, 3 Stunden bergan, bis man den höchsten Punkt der Hochebene erreicht, dann 2 Stunden bergab bis gen Same[2]. Sobald man die Brücke bei Argostoli überschritten hat, kommt Leben und Bewegung in die grossen und strengen Formen, worin sich das Land von Argostoli aus darstellt. Man erreicht bald ein Dorf, welches zwischen die Hügel hingestreut ist, welche die hohen, schön geformten konischen Vorberge durchkreuzen, bis nach einer Stunde lieblicher Abwechselung die grossen ernst geformten Gebirgsmassen in weiten, flachrunden Linien hervortreten. Etwa zwei Stunden weit läuft der Weg ununterbrochen durch Wein- und Oelgärten hin, die anfangs durch Cypressengruppen ein belebtes Ansehen gewinnen. Hierauf wird der Weg bald einförmig, da die Berge sich in hohen runden Kuppen erheben ohne schöne Thäler zu bilden. Je näher man den hohen Bergfirnen kommt, desto überraschender tritt überall die Cultur zum Vorschein.

Die Berge bis zu ihren höchsten Gipfeln, die aus der Ferne als nackte, röthliche Felsen erscheinen, sind ringsum und wohl bis zur Höhe von 2000 Fuss bebaut. In der Mitte des Weges, ehe man die Höhe erreicht, erhebt sich ein rauheres, fast ganz unangebautes Gebirge; nur hier und da nimmt man noch kleine, in den Felsgrund gewissermassen gehauene Getreidegärten wahr. Auf der Höhe führt der Weg in der Nähe der schwarz bewaldeten, steil aufstarrenden Vorläufer des Monte Nero vorbei. Zur Linken schneidet eine schmale, tiefe Felsspalte ein, die sich mehr und mehr ausbreitet, und dicht neben der Strasse hinlaufend, endlich ein tiefes, in senkrechten Terrassen absteigendes Thal bildet, deren horizontale Flächen mit dichtem grünen Gesträuch bedeckt sind. Eine Strecke weiter öffnet sich rechts, gegen Südosten hinlaufend, ein frischgrünes, mit dichter Waldung bedecktes Thal und zugleich tritt in der Tiefe die weite, üppige Ebene von Samos hervor. Von da an führt der Weg bergab zur Ebene, welche sich disseits in breitem Rande, weiterhin zur Rechten und zur Linken in schmalerer Fläche an die Bai von Samos anlegt. Sie ist mit den üppigsten Weinfeldern geziert, die an der Seite mit einer Art Hecke, nemlich Pfähle in die Erde gegraben, zwischen denen die Weinreben aufwuchern, umsäumt sind. Die fruchtbeladenen Obstbäume, wie Liebetrut sie noch sah, sind jetzt meistentheils ihres Schattens halber umgehauen. Auch ist die Gegend nicht ungesund, wie einige Reisende berichtet haben. — Stephan v. Byz. erwähnt noch eines Berges, Baca (Bnia), der von dem Steuermann des Odysseus seinen Namen haben soll. Nach Goodisson ist dieser unter den Bergen der alten Same zu suchen, und vielleicht der oben erwähnte Atros. — Flüsse giebt es auf der Insel nicht, nur einige Gebirgsbäche in der Nähe der Ruinen der alten Same und auf der Ostküste, die im Sommer austrocknen, im Winter aber und zur Regenzeit stark anschwellen und mit reissender Geschwindigkeit ins Meer stürzen.

6. Klima.

. Das Klima ist nicht im Vergleich mit der ganzen Breitenlage der Insel. Schleunige Uebergänge von unerträglicher Hitze zu grosser Kühle sind nicht selten aber nicht gefährlich, wie Müller S. 201 behauptet. Die Hitze steigt im Sommer wechselnd bis zu 26—28°, im Winter beträgt sie manchmal 6—10°. Zuweilen fällt das Thermometer auch unter den Gefrierpunkt, aber Eis zeigt sich selten. Grossen Einfluss hierauf haben die West- und Nordwinde. Im Herbst und vorzüglich im Winter bläst oft der Ostwind, der zu jener Jahreszeit schwül ist und auf die Gesundheit nachtheilig einwirkt; im Winter dagegen, indem er über den mit Schnee bedeckten Pindus weht, die Luft sehr erkältet. Die plötzliche Erhebung der Hitze wird durch den Südwind oder Sirocco bewirkt, der oft drei Tage hinter einander anhält. Der grösste Wechsel der Temperatur findet im Frühling statt, wenn die Berge mit Schnee bedeckt sind, der aber nur auf dem Monte Nero längere Zeit liegen bleibt, selbst auch im August und September. Der veränderliche Winter ist nur kurz. Der unangenehmste Monat ist der October, in welchem es oft regnet und kühl ist. Die Kälte fängt um Weihnachten an, wenn die albanischen Berge sich mit einer Schneedecke überziehen; erheben sich aber die West- und Südwinde, so ist das schönste Frühlingswetter da[1]. Schon im Januar und Februar sprossen die Kinder des Lenzes auf den frischen Wiesen unter immer grünen Bäumen und Büschen in den schattigen Gründen und auf sonnigen Höhen[2]. Im Februar blühen Mandeln, Aprikosen, Pfirsiche, im März folgen Aepfel, Birnen und Kirschen. Im April werden die letzteren, wenn der Frühling milde ist, schon reif. Im Mai kommt die grüne Feige zum Vorschein, im Julius reifen die Trauben, Orangen und Citronen, die zu allen Jahreszeiten zugleich Blüthen und Früchte haben, und im October die Oliven, welche im November gesammelt werden. Veilchen Hyacinthen, Ranunkeln und Rosen kommen zeitig im Frühling und machen in beständ-

---

[1] Nach den Mittheilungen eines Cephaloniers.
[2] Nach mündlichen Mittheilungen. [3] Liebetr. S. 50.

diger Folge unzählig anderen Blumen Platz. Die Vegetation, die dann sehr rasch ist, leidet sehr durch die Hitze, die im Junius und Julius ihren Höhepunkt erreicht und so lange dauert, bis sich Ende August oder Anfangs September der Regen einstellt. Während der Hitze versengt Gras und Kraut; die Heerden finden dann nur noch Nahrung in den tief eingeschnittenen Thälern zwischen schattigen Büschen und Wäldern, so dass der Heuvorrath herhalten muss, wie bei uns im Winter. Eine Erquickung aber wird den Bewohnern sowohl wie den Pflanzen zu Theil durch den Thau, der nach den heissen Sommertagen mit Sonnenuntergang erfrischend herabfällt und die heisse Luft abkühlt. Der Anblick der Berge ist dann unbeschreiblich schön; das Johanniswürmchen erleuchtet die Gebüsche und Alles ladet ein, die kühlende Frische zu geniessen. Während dieser heissen Zeit ist fast wandellos der milde, klare Himmel über das zauberschöne Land und Meer gebreitet; nur kühlt sich zuweilen die sengende Gluth durch plötzliche Gewitter ab, die stark und von heftigen Stürmen begleitet sind. Sobald aber im September einige Regentage kommen, beginnt ein zweiter, noch lieblicherer Frühling, der bis in die Mitte des Octobers, auch wohl Novembers dauert, wo dann die eigentliche Regenzeit eintritt und über die trockenen Berge von Neuem ein grünes Kleid ausbreitet und Rosen und andere Herbstblumen reichlich hervorspriessen lässt.

7. Produkte.

Die Insel ist reich an allen Früchten, welche der Süden Italiens und Griechenlands hervorbringt; aber so reich und prachtvoll auch sich das Pflanzenreich entfaltet, an Mineralien hat sie wenig aufzuweisen und ist sogar arm zu nennen in Bezug auf das Thierreich, namentlich an Säugethieren. Ausser den sogenannten Südfrüchten, die hier in vollkommener Schönheit angetroffen werden, erzeugt die Insel namentlich Weintrauben und Corinthen, deren Anbau überall vorherrschend ist; es werden jährlich 6—7 Mill. Pfund gebaut. Diese Trauben und das reichliche Oel sind das Haupterzeugniss der Insel und Hauptgegenstände ihres Handels. Dazu kommt noch Baumwolle und Seide, welche zwar in geringerer Menge gewonnen wird aber besser ist als die von Morea. Wein, der übrigens so süss und feurig ist, dass er nicht ohne Mischung mit Wasser zu trinken ist, erzeugt die Insel nur für den Bedarf der Bewohner, und es steht derselbe auch dem von Zante sehr an Güte nach. Getreidefelder giebt es nur wenige. Am reichsten hieran ist die Ostseite der Halbinsel Paliki in der Gegend der alten Stadt Pale unweit Lixuri, die schon von Polybius V, 3 deswegen gerühmt wird. Auch in der Samischen Ebene und in einigen Thälern der Ostküste wird einiges Getreide gebaut, reicht aber für den Bedarf der Bewohner nur 4—5 Monate aus; das Fehlende wird aus Morea herübergeschafft. Der Bau der Gemüse und Gartenfrüchte, der zu der Zeit, als Müller die Insel besuchte, wie er sich ausdrückt, nur von den wenigen Gebildeten getrieben wurde, die Fleiss mit der Kenntniss dessen vereinigen, was in andern Ländern geschieht[1], hat seitdem in erfreulicher Weise

---

[1] S. 199.

zugenommen; das fehlende Gemüse liefert Zante. Reich aber ist die Insel an Kräutern jeglicher Art, von denen viele als Heilmittel dienen und merkwürdige Kräfte besitzen. Auf dem Monte Nero fand man vordem, ehe die Waldungen verschwunden waren, eine Art Manna an den Bäumen[2]. Schafe und Ziegen sind heutigen Tages in grosser Menge vorhanden, auch einige Maulesel, die zum Reiten gebraucht werden und die Früchte zur Stadt bringen. Ochsen und anderes Schlachtvieh schafft man aus Morea, Akarnanien und Epirus herüber. Aus der Schaf- und Ziegenmilch wird Käse bereitet, den man in Oel aufbewahrt. Ebenso werden die Ziegenhaare zur Anfertigung einer Art Teppich benutzt, Zenia genannt, womit man zu Venedig den Boden der Gondeln bedeckt[3]. Die Mönche verfertigen aus der Wolle Mützen und Gürtel, die sehr gesucht sind. Die Jagd ist unbedeutend, da ausser einigen Füchsen weiter kein Wild angetroffen wird und sich nur hin und wieder einige Sumpf- und Zugvögel zeigen.

8. Distrikte.

Die Insel zerfällt in dreizehn Distrikte.

1) Argostóli mit seiner Umgebung, eine 500—600 F. hohe Ebene. 2) Livadhó südöstlich von Argostoli, eine Ebene, die sich bis ins Meer hinabsenkt und in der Mitte durch einen Höhenzug getheilt ist. Sie ist die reichste im südlichen Theile der Insel, sehr angebaut und fruchtbar an Corinthen und Oel und enthält ungefähr 25 Dörfer. 3) Ikosimia, östlich von Livadho an der Südküste, erzeugt ebenfalls Oel, ist aber nicht so reich wie Livadho. 4) Laios am südlichen Fusse des Aenos, gebirgig, und gleich Livadho reich an Corinthen und besonders an Oel. 5) Skala an der Südostseite beim Cap Skala, ebenfalls am Fusse des Aenos, gebirgig, erzeugt Oel. 6) Rakli, früher Heraclea, ein Name, der darauf hindeutet, dass hier vordem ein Heiligthum des Hercules gestanden, liegt an der Ostküste der Insel und ist gebirgig und von kleinem Umfange. 7) Omala nördlich von Argostoli und Livadho, eine Hochebene, weniger angebaut als die südlich gelegenen; die Bewohner beschäftigen sich meist mit Schaf- und Ziegenzucht. In diesem Distrikte liegt das Kloster mit den Reliquien des heiligen Gerasimo, denen die Cephalonioten grosse Verehrung erweisen, und die am Festtage der Heiligen und in Zeiten grosser Noth ausgestellt werden. 8) Pyrgi, ebenfalls eine Hochebene, zwischen Omala und der Ostküste auf der einen, und zwischen dem Aenos und Samos auf der anderen Seite gelegen, ist wenig bevölkert. Die Bewohner treiben Viehzucht. 9) Samos mit der Samischen Ebene am Busen von Samos ist sehr fruchtbar an Oel und Corinthen, auch wird, soweit es die vielen Weinberge zulassen, etwas Weizen gebaut. 10) Pilaros, an der nordwestlichen Küste des Samischen Busens zwischen Omala und der Halbinsel Erisso, zu der sie sich abschüssig hinabsenkt, reich an Oel und Weizen. An ihrem nördlichsten Fusse liegt das Thal, welches die Halbinsel Erisso von dem grösseren Theil der Insel trennt. 11) Erisso, Halbinsel, früher Insel, ziemlich angebaut mit Oelbäumen. 12) Ti-

---

[2] St. Sauveur III S. 32. [3] St Sauveur III S. 21.

nea, der nördliche Theil der Halbinsel Paliki nach Erisso zu, bringt Oel und Corinthen hervor. 13) Lixuri, eine Halbinsel, die auch Paliki genannt wird, südlich von Tinea und westlich vom Meerbusen von Argostoli, fast so gross wie Ithaka, ist äusserst fruchtbar und mit grossem Fleiss angebaut. Hauptprodukte sind Getreide, Corinthen und Obst. Die Ebene, in der Mitte hoch, senkt sich nach Westen, Süden und Norden allmählich bis zum Meere hinab. Sie besteht aus zwei Distrikten, Anoi (Hochland) und Catoi (Niederland)'.

Die Insel enthält ausser den vier Städten Argostoli, Lixuri, Asso und Samos, noch ungefähr 125 Dorf- oder Ortschaften, von denen einige 700—3000 Einwohner haben, die anderen dagegen, namentlich auf den Hochebenen, weniger bedeutend sind.

9. Jetzige Städte.

Die grösste und bedeutendste Stadt der Insel, Argostoli, liegt auf einer im Meerbusen gleichen Namens gelegenen Halbinsel, von der nach der Insel zu eine aus marmorähnlichen Steinen erbaute Brücke führt, unter 38° 21' der Länge und 38° 12' der Breite'. Oestlich von der Stadt ist eine Hügelreihe, hinter der sich das mächtige Gebirge erhebt, welches zum Monte Nero gehört. Die Hügel sind ziemlich angebaut, und auf einem derselben liegen Windmühlen und ein kleines Dorf. Je höher man steigt, um so mehr nehmen die Felstrümmer zu. Wo sie nicht zu dicht liegen, sind sie zu Mauerringen und Terrassen aufgethürmt, zwischen denen der Weinstock und der Oelbaum herrlich gedeiht. Südlich von der Stadt befinden sich Sümpfe, welche eine ungesunde Luft aushauchen. Das erste Gebäude, welches dem Auge sichtbar wird, sobald man in den Busen von Argostoli einfährt, ist das Sanitätsgebäude, ein viereckiges Haus mit einem Thürmchen auf jeder Ecke. Das Innere enthält einige Zimmer für Ankommende und zwei Schuppen für Waaren. Nebenbei steht eine kleine griechische Kirche, dem St. Rock geweiht. Einwenig weiter vorwärts stösst man auf eine Quelle, deren Wasser zu Schiffe nach Argostoli gebracht und verkauft wird. In einer kleinen Entfernung von dieser Stelle erblickt man an der Küste die ersten Häuser der Stadt, die früher, als St. Sauveur die Insel besuchte, klein und unansehnlich und meist von armen Leuten bewohnt waren; jetzt aber stehen an deren Stelle grosse, freundlich eingerichtete Häuser, die von wohlhabenden Leuten bewohnt werden. In der Stadt selbst sind die Häuser 1—2 Stockwerke hoch und auf europäische Weise eingerichtet. In der Mitte der Stadt liegt der Platz St. Marco, dessen freien Raum man, wie Müller berichtet S. 167, der Hinwegräumung mehrerer, durch Erdbeben zerstörter Wohnungen verdanken soll. Jetzt ist er mit schönen Häusern ringsum geschmückt und überhaupt der lebhafteste Theil der Stadt. Noch sind zu erwähnen das Haus des engl. Residenten, der Palast des griech. Bischofs, der hier seinen Sitz hat, das Franziscanerkloster mit seiner Kirche und das Lyceum. Auch hat die Stadt ein

---

') Nach den Mittheilungen eines Cephaloniers.
') Müller, S. 168.

Untergericht, von welchem aus an das Obergericht in Corfu appellirt werden kann. Auf der Werft herrscht grosse Thätigkeit ; denn die Stadt hat noch jetzt die bedeutendste Marine unter den Städten der Ionischen Inseln'. Hauptgegenstände des städtischen Handels sind Corinthen, Oel, Wein, Wolle, Seide. Die Einwohnerzahl beträgt ungefähr 9000'.

Lixuri. Gegenüber von Argostoli an der Westseite des gleichnamigen Busens liegt Lixuri, die zweitgrösste Stadt der Insel. Sie hat 5000 Einw., ein Lyceum, eine Privaterziehungsanstalt, die durch das Vermächtniss eines reichen Privatmannes errichtet worden ist und in grossem Ruf steht. Die kleine Citadelle, womit die Stadt befestigt ist, hat wenig zu bedeuten. Die Einwohner haben ein gesundes Aussehen und sind aufgeweckten Geistes. Ihre Marine steht sowohl an Zahl, wie an Grösse der Schiffe der von Argostoli sehr nach. Sie unterhalten lebhaften Verkehr mit Argostoli und einige ihrer Bewohner dehnen die Fahrten mit ihren kleinen Schiffen sogar bis Akarnanien aus. — Durch Erdbeben hat die Stadt früher sehr gelitten; jetzt sind die Spuren davon ziemlich verwischt und jene überhaupt selten und unbedeutend. Die Luft in und um Lixuri ist sehr gesund und die Gegend äusserst fruchtbar. —

Hier fand man vor einigen Jahren bei der Reinigung eines Brunnens, der ausserhalb der Stadt auf dem Wege der Ruinen von Pale lag, einige Alterthümer, nemlich eine Vase von Marmor, einen Fuss beschädigt war, mit einer Inschrift, worin von dem gewaltsamen Tode eines jungen Mannes von achtzehn Jahren, einem Freunde des C. Antonius, die Rede war; ferner den Kopf zu einer weiblichen Statue, der aus der besten griech. Kunstzeit gewesen sein soll', sowie mehrere Münzen und Broncetafeln mit unleserlichen griech. Inschriften Hieraus hat man schliessen wollen, dass an der Stelle des heutigen Lixuri zur Zeit der Römer eine Stadt gestanden habe und zwar jene, welche C. Antonius während seiner Verbannung auf der Insel zu bauen anfing aber nicht vollendete. Da aber nach den Untersuchungen des Goodisson diese Antoniusstadt vielmehr an der Ostseite der Insel beim C. Skala zu suchen ist, so darf man wohl annehmen, dass diese Alterthümer von den alten Palensern herrühren, deren Stadt nicht weit von Lixuri ablag.

Asso, eine ziemlich verfallene Festung, liegt auf der Nordwestseite der Halbinsel Erisso auf fast unzugänglichem steilen Felsen, der, früher eine Insel, jetzt durch eine zwanzig Schritt breite Landenge mit der Halbinsel verbunden ist. Zu der Festung führen einige Felspfade hinauf, die äusserst rauh und steil sind und dem der Gegend Unkundigen grosse Schwierigkeiten in den Weg legen. Die Festung selbst ist unregelmässig gebaut und das Innere' derselben bietet nichts Beachtenswerthes dar. Sie enthält eine griechische Kathedrale, ein kleines unansehnliches Gebäude, das jetzt ziemlich in Verfall gerathen ist, und zählt ungefähr 260 Häuser. Auf einem benachbarten Berge steht ein griech. Kloster, dessen Kirche in früherer Zeit ziemlich reich war. Am Fusse des Felsens dehnt sich ein kleiner Hafen aus, der drei bis vier Schiffe mittlerer Grösse bergen kann, aber bei Sturmwetter wenig Sicherheit gewährt.

') Müller S. 170. ') Ungew. S. 205. ') St. Sauveur III S. 57 Müller, S. 183. ') St. Sauveur III S. 59

Die Stadt wurde im Jahre 1595 von den Venetianern erbaut, um den Landbewohnern bei feindlichen Einfällen als Zufluchtsstätte zu dienen, da die damalige Festung Cephalonia, in der Nähe von Argostoli gelegen, nicht gross genug war, alle Flüchtlinge aufzunehmen. Nach Coronelli' wurde sie auch Nesso genannt. Ich vermuthe daher, dass Asso auf den Ruinen oder dem Boden einer alten Stadt Namens Nesos erbaut worden ist, deren Bewohner Livius 38,29 Nesiotae nennt. Die Stadt Asso erreicht man von Lixuri aus in 3—4 Stunden; denn der Weg, der dahin führt, ist äusserst holperig und ermüdend.

Same oder Samos' ist die kleinste der vier Städte mit ungefähr 60 Illusern oder Hütten, die höchst unregelmässig gebaut umherstehen und von armen Fischern und Schiffern bewohnt werden. Sie liegt an der südöstlichen Seite des Samischen Busens; zur Linken ragt die prächtige Halbinsel von Viscardo vor, zur Rechten die Halbinsel, auf der einige hundert Schritt höher hinauf die Ruinen der alten Same liegen'. Der Hafen der Stadt ist auch für grössere Schiffe zugänglich, denn er ist tief, geräumig und auf der Westseite durch das Cap Alexander gegen Nordoststürme geschützt. — Das Zollhaus, ein zweistöckiger Palazzo, von dem aus die Ueberfahrt nach Ithaka besorgt wird, liegt hinter dem Flecken hinaus an einer kleinen, durch einen Molo geschützten Hafenbucht'. In der Nähe steht ein Kloster, das zugleich Festung ist; denn nahe dabei erhebt sich ein viereckiger Thurm, der durch eine Zugbrücke mit dem Kloster in Verbindung steht. Oben hat der Thurm eine Terrasse mit Oeffnungen für Kanonen. Vier kleine Stücke, Waffen und Munition wurden hier in Bereitschaft gehalten; denn der Thurm diente den Mönchen zum Zufluchtsort, wenn Seeräuber oder Barbaresken in Same landeten. Der Weg nach diesem Kloster ist sehr steil, das Ganze aber bildet eine malerische Gruppe". —

10. Regierungsform.

Die Bewohner bestehen aus Griechen, welche die Mehrzahl bilden, Italienern, deren Zahl kaum 100 ist, wenigen jüdischen Familien und der Engl. Besatzung, und werden in drei Stände getheilt, Adel, Bürger und Bauern, deren Standesunterschied nur wenig bemerkt wird, da der Adel nicht wie früher, alleiniger Grundbesitzer ist, und die höheren Aemter und kirchlichen Würden von Jedermann, der dazu die nöthigen Kenntnisse besitzt, erlangt werden können. — Ein Hauptcharakterzug der Cephalonier ist Gemüthlichkeit und eine gewisse Beharrlichkeit und Ausdauer in der Verfolgung einer einmal gefassten Idee. Hat der Cephalonier sich irgend ein Ziel gesteckt, so wendet er alle physische und psychische Kraft an, dasselbe zu erreichen. Nichts hält ihn davon ab, nichts schreckt ihn zurück, kein Hinderniss scheint ihm unüberwindlich. Unter allen seinen Ionischen Brüdern ist er im Allgemeinen der feinste und gewandteste und hat auch die besten Sitten von allen. Die gebildeten Cephalonier lieben und üben

---

*) II. S. 40. Asso ou Nesso. ') Liebetrut S, 272 Anmerk : Die Schreibart und Aussprache schwankt heute noch, wie in der Homer. Zeit, zwischen der Endung e und os. ') Liebetr. S. 277. ') Liebetr. S. 276.
¹⁰) Müller S 190.

wissenschaftliche Ausbildung jeder Art. Zu diesem Zwecke besuchen sie fremde Länder, answärtige Bildungsanstalten und eignen sich leicht die Vorzüge derselben an. Eine Nationaltugend ist ihre Gastfreundschaft, die gegen Fremde nicht allein von den reicheren sondern auch von den ärmeren Bewohnern mit Herzlichkeit geübt wird.

Die sieben ionischen grösseren Inseln mit einigen kleineren bilden einen aristokratischen Staat unter dem Schutze der Britischen Krone, deren Lord-Obercommissair Chef der Militairmacht und gewissermassen der eigentliche Herrscher ist. Die Regierung liegt in den Händen eines Senats, der die vollziehende Gewalt hat, und der Abgeordneten, die gesetzgebende Versammlung genannt. Letztere besteht aus vierzig Mitgliedern, von denen zehn aus Cephalonia allein abgeschickt werden. Sie werden nach einem bestimmten Steuersatz von den Landeigenthümern direct gewählt Der Senat besteht aus 1 Präsidenten, 5 Senatoren und 1 General Staatssecretair, den der Lord-Oberkommissair aus eigner Machtvollkommenheit ernennt, während die andern Senatoren von und aus den Mitgliedern der gesetzgebenden Versammlung gewählt werden. Der Versammlungsort ist Corfu. Jede einzelne grössere Insel hat ihre eigene Regierung, an deren Spitze ein Regent steht, ἔπαρχος genannt, der wiederum einen Stellvertreter (Resident), den der Lord- Obercommissair wählt, zur Seite hat. Beide residiren auf Cephalonia in Argostoli. Für die Rechtspflege besteht ein oberster Gerichtshof in Corfu, an den von den Untergerichten in Argostoli und Lixuri appellirt werden kann. — Seit 1818 besteht ein Ionischer Ritterorden, nämlich der St. Michaels- und St. Georgsorden. —

11. Die alten Städte.

a) Same. Die Ruinen dieser alten Stadt liegen in der Nähe des heutigen Samos einige hundert Schritt höher hinauf an der südöstlichen Seite des gleichnamigen Busens auf der Halbinsel, deren nördlichste Spitze das C. Chelia ist, auf dem Abhange eines Hügels. Die Häuser der Stadt dehnten sich bis zum Hafen aus und waren im Süden geschützt durch zwei Burgen, die auf zwei durch ein ziemlich tiefes Thal getrennten Hügeln lagen. Von diesen nennt Livius die eine Cyatis, durch welche die Römer bei der Einnahme der Stadt auf das Forum gelangten, die andere die grössere Burg (major arx¹. Der Weg von dem heutigen Samos nach den Ruinen geht schroff und steil hinan. Nach einigen hundert Schritten bedeckt dichtes, üppiges Gebüsch den Berg und am Saume dieser waldigen Parthie laufen nun die hin und wieder bloss gelegten Substructionen antiker Bauwerke von gewaltigen Werkstücken hin². Goodisson S. 150. bemerkt hierüber. „Die Berge der Insel senken sich hier terrassenförmig zur Küste hinab. Die Ruinen gehen noch in die See hinein und einige befinden sich sogar noch unter dem Wasser.“ Zwischen der Küste und dem grossen Gebirgszuge, auf dessen Rücken die Hochebene Pyrgi liegt, sind zwei conische Hügel, auf deren Gipfel die Ruinen einer Burg liegen. Die Abhänge beider sind mit Ruinen bedeckt. Die Ruinen der grösseren Burg zeugen von Cyclopischer Bauart und die grossen be-

---

¹) Livius 38, 29. ²) Liebetr. p. 277.

hauenen Felsblöcke sind ohne Kitt und Klammern zusammengefügt. Dagegen bestehen die Mauern der andern Burg aus grossen Quadersteinen in wagerechten Lagen und scheinen späteren Ursprungs zu sein. Tiefer gegen das Ufer hinab befinden sich alte Gräber mit Nischen in den Felsen gehauen³. Auf den Münzen von Same ist der Kopf der Pallas ausgeprägt und Σαμα oder Σαμαιων, auf anderen Apollo und ein Hund oder Widder⁴. Letzterer soll dem Kephalos gewidmet sein, als einem Sohne des Merkur⁵. Unter den Alterthümern, welche man hier ausgrub, gaben die Vasen von Marmor, von Bronce und von gebrannter Erde Zeugniss von alter samischer Kunstvollendung. Mehrere dieser Vasen gaben nach der Erzählung des St. Sauveur III p. 65 noch einen starken Wohlgeruch, als man sie aus der Erde grub. Die Aegypter, sowie die Bewohner von Pallästina und Arabien balsamirten ihre Todten. Die Griechen, die sogern alles Aegyptische nachahmten, konnten jedoch die Einbalsamirung von ihnen nicht annehmen, weil sie die wohlriechenden Specereien allzutheuer von den Phöniziern erkaufen mussten⁶; sie begnügten sich daher, in die Urnen ihrer Todten kleine Fläschchen mit Wohlgerüchen zu legen. Andere Vasen, die man hier fand, glichen den kretischen, von denen Plinius sagt, dass die Griechen sie sehr zu Aschenkrügen gesucht hätten⁷.

In der neueren Zeit, seitdem die Insel unter dem Protectorate der Engländer steht, ist in Samos und in den Gräbern vieles aus dem Alterthume gefunden worden, wie Münzen von Gold, Silber, Bronce, Opferschalen, Arm- und Halsspangen, Ringe, kleine Vasen u. s. w., aber nichts von dem allen kam ins Britische Museum, sondern wurde von den Findern eingeschmolzen und nach neuerer Art bearbeitet. — Nach Steph. Byz. soll die Stadt ihren Namen von Samos, dem Sohne des Kephalos, erhalten haben⁸. Die Einwohner werden von Thuc. II. 30. Σαμαῖοι, von Livius 38, 28 Samaei genannt, während dagegen die Bewohner der Insel Samos im Aegäischen Meere Σάμιοι heissen⁹. Nach einer anderen Sage, welche Jamblichus Porphyr. in vita Pyth. I. 2 mittheilt, wird Ancaeus, der nach dem Scholiasten zu Lycophr. v. 493. für einen Sohn des Actor, nach Apollod I. c. 9 und Paus. VIII. c. 4. für einen Sohn des Arcadischen Königs Lycurgos, eines Abkömmlings des Pelasgos, für den Gründer der Stadt angesehen. Die aufsteigende Genealogie führt auf Lycurgos, Aleus¹⁰, Aphidas¹¹, Arcas¹², Callisto Lycaon¹¹ und Pelasgos¹², so dass es also Arcadische Pelasger waren, die sich hier festsetzten. Raoul-Rochette¹³ ist der Meinung, dass sich ihm Einwohner von Samicon in Elis angeschlossen haben, welche dieser Stadt den Namen Same oder Samos gaben. Ancaeus habe einen Bruder gehabt, der dem Lycurgos als König in Arcadien gefolgt sei, Ancaeus aber sei an der Spitze einer Arcadischen Colonie, der sich Eleer und Ionier aus Achaja angeschlossen, nach Cephalonia gegangen. Der Name

---

³) Müller p. 188. ⁴) Mionnet No. 18. ⁵) Posset S. 409. ⁶) Müller p. 188. ⁷) St. Sauveur III p. 66. Müller p. 189. ⁸) Τετράπολις δὲ ἡ νῆσος ἀπὸ τῶν Κεφάλου παίδων, Προνήσου, Σάμου, Πηλίου, Κρανίου. ⁹) Schol. in Thuc. II, c 30 Σάμιοι ὁ ἀπὸ Σάμου, Σαμαῖος ὁ ἀπὸ Σάμης. Eustath. ad Dionys. Perieg 533: Ταίτης (nemlich τῆς Σάμου Ἰωνικῆς) ὁ πολίτης Σάμιος· ὁ μέν τοι τῆς ἐν Κεφαλληνία Σάμου πολίτης Σαμαῖος, διότι ἐκείνη καὶ Σάμη λέγεται. ¹⁰) Apollodor III, 9, 1. ¹¹) Apoll. III, 8, 2. ¹²) Apoll. III, 8, 1. ¹³) col. graec. II, 223.

3*

Samos sei hergenommen von Samos, einer alten Stadt in Elis, deren Umgegend immer noch Samicon hiess". Ancaeus blieb nicht lange auf der Insel, sondern in Folge eines Orakelspruchs ging er mit Cephaloniern und anderen Colonisten nach Samos im Aegäischen Meere, um dort eine Colonie zu gründen". Sein Sohn Agapenor war, wie Homer Il. II. 609. erwähnt, wieder König in Arcadien und machte an der Spitze von 60 Schiffen den Zug nach Troja mit. — Nach einer Sage, die noch heutiges Tages von den Bewohnern Cephaloniens erzählt wird, soll Telemach nach dem Tode des Odysseus seinen Wohnsitz nach dieser Stadt verlegt, und die Stadt damals 14000 Häuser und 14 Triremen gehabt haben. Nach dem Tode des Telemach wurden die einzelnen Städte Republiken, die wahrscheinlich vereinigt unter der Oberanführung der Palenser an allen Ereignissen, die Griechenland von Aussen und im Inneren trafen, thätigen Antheil nahmen. Die Stadt bestand bis zum Jahre 189. v. Chr., wo der Consul Fulvius sie nach viermonatlicher Belagerung eroberte und bis auf die Burg zerstörte, in welche er bei seinem Abgange nach dem Peloponnes eine Besatzung legte." Die Einwohner wurden als Sclaven verkauft, einzelne Anführer gingen beim Triumphzuge dem Wagen des Consul voran."

b) Pale. Dieser Name kommt nur vor beim Scholiasten zu Thuc. I. 27. Polybius V. 3. nennt die Stadt *Παλούς. οὖντος*. Die übrigen Schriftsteller führen nur den Namen der Bewohner an, die im Allgemeinen Paleis genannt wurden. Thuc. nennt sie I 27. *Παλῆς* mit einfachem λ, dagegen II. 30. und an anderen Stellen *Παλλῆς* mit doppeltem λ Paus. VI. 15. 3. schreibt *Παλεῖς* und mit einfachem λ geschrieben kommt der Name auch in den Inschriften vor", und namentlich in der Inschrift, welche die Palenser dem Hadrian im Tempel des Olympischen Zeus in Athen aufzeichneten, nennen sie ihre Stadt *πολις Παλεων*; Livius 38, 28. Palenses.

Die Stadt soll von Peleus" oder Paleus", einem Sohne des Kephalos, wie schon oben bemerkt wurde, ihren Namen erhalten haben. Ob dieser sie erst erbaut hat, oder schon eine andere von den Teleboern gegründete Stadt vorfand, lässt sich nicht mit Gewissheit nachweisen; jedoch scheint die Nachricht des Pausanias VI. 15, 3., dass die Palenser in früherer Zeit Dulichier genannt worden sind, darauf hinzudeuten, dass hier schon bei Kephalos Uebersiedelung aus Acarnanien nach Cephalonia eine Dulichische Niederlassung und zwar von der homerischen Insel Dulichium, welche an der Mündung des Achelousflusses im Lauf der Zeit mit dem Festlande Acarnanien vereinigt worden ist, vorhanden war. Peleus, der von dieser Stadt Besitz nahm, scheint der Gründer einer neuen Colonie gewesen zu sein; denn nach einer alten Sage sollen die früheren Bewohner der Echinaden und vielleicht auch der anderen Inseln bei der Besitznahme durch Kephalos ihre Wohnsitze verlassen und sich in anderen

") Strabo VIII, p. 347 *Σαμικὸν ἴρυμα, πρότερον δὲ καὶ πόλις Σάμος προσαγορευμένη διὰ τὸ ὕψος ἴσως, ἐπειδὴ ὀδμὸς ἐκάλουν τὰ ὕψη .. πεδίον Σαμικόν.* Paus. V 5,3. *Ἰόντι ἀπὸ τῆς Ἠλείας χωρίον ἐστὶν ἐπὶ θάλασσαν καθῆκον, ὃ ὀνομάζεται Σαμικόν.* ") Jamblich. vit. Pith. l c. 2. Callim. ad Delum v. 50 u. Schol. ad eum locum; Heraclid. Pont. fragm. §. 10. Paus. VII c. 4. ") Liv. 38. 29. 38,30. ") Liv. 30, 5. ") inscriptio in monum. pelopona. I p. 94: *ἡ βουλὴ καὶ δῆμος Παλείων,* sed altera p. 98: *ἡ πόλις Παλέων,* ") Steph. Byz v. *Κράνιοι.* ") Eust. ad Hom. II B. p. 232.

Gegenden niedergelassen haben", eine Sage, worauf auch Tac. Ann. 4, 67 anspielt, wenn er sagt, *Graecos ea tenuisse Capreasque Telebois habitatas fama tradit.* Der Name des Gründers der neuen Kolonie wurde vorherrschend. Später scheinen hierher neue Kolonisten aus Corinth während der Streitigkeiten des Kypselus und der Bacchiaden gekommen zu sein. Raoul-Rochette in seinen Col. graec. III. p. 293. hält diese Stadt für eine Corinthische Colonie, weil nach der Gewohnheit der Griechen die Truppen der Colonien bei denen der Mutterstadt aufgestellt wurden und namentlich in der Schlacht bei Plataeae die Palenser neben den Corinthischen Leucadiern und Anaktoriern standen". Für diese Ansicht spricht auch die Verbindung der Palenser und Corinther im Anfange des Peloponnesischen Krieges". Diese Colonisirung ist aber späteren Ursprungs; denn nimmt man auf die Münzen Rücksicht, auf denen der Kopf des Kephalos ausgeprägt ist, so scheinen denn doch die Palenser ihren Ursprung auf diesen oder auf seinen Sohn zurückzuführen". Nach dem Aussterben der Königsfamilie setzten die Einwohner ein Gemeinwesen an die Stelle des Königthums. Von Pale sagt Pausanias 6, 15, 3. ausdrücklich, dass das Gebiet der Palenser den vierten Theil der Insel ausgemacht habe. Die vier Städte bildeten wahrscheinlich einen Städtebund, an deren Spitze, wie es scheint, Pale gestanden hat. Die Regierung in Pale war zwischen einem Senat und dem Volke getheilt. Für diese Ansicht spricht eine Inschrift", die bei den Ruinen der alten Pale gefunden wurde, wo von dem Volk und dem Senate der Palenser die Rede ist. Volk und Senat dekretiren hier der Oberpriesterin Flaviana Eutyches, Tochter des Pithoros Glaukos und Gattin des Bion Aristomantides, die Ehre einer Statue.

Die Bewohner von Pale betheiligten sich bei allen wichtigen Ereignissen, die Griechenland betrafen, kämpften gegen die Perser, nahmen Theil am Peloponnesischen Kriege, sowie an den Streitigkeiten zwischen den Aetolern und Achaeern und genossen Freiheit, Wohlstand und Glück, bis das herrschende Rom sich in die Streitigkeiten Griechenlands mischte. Als der Consul Fulvius mit einem Heere landete, 189 v. Chr. gaben sie die geforderten 20 Geisseln und erkannten die Oberherrschaft Roms an, während Same, wie schon früher erwähnt, seinen Widerstand mit der Zerstörung büsste. Unter der Römischen Herrschaft" behielt Kephallenia wie Zakynthos seine Freiheit d. h. Selbstleitung ihrer inneren Angelegenheiten und diente den aus Rom verbannten Grossen zum Zufluchtsort". Kaiser Hadrian besuchte die Ionischen Inseln und schenkte Kephallenia den Athenern". Dies scheint ein Vortheil für die Insel gewesen zu sein; denn die Palenser in ihrer Freude darüber setzten dem Hadrian in Athen ein Monument mit einer Inschrift", worin Hadrian der Olympische genannt und die Stadt als eine freie und selbständige bezeichnet wird. (*Η ΠΟΛΙΣ ΠΑΛΕΩΝ ΤΗΣ ΚΕΦΑΛΛΗΝΙΑΣ ΕΛΕΥΘΕΡΑ ΚΑΙ ΑΥΤΟΝΟΜΟΣ*). Zur Zeit des Strabo und Plinius stand die Stadt noch, hatte aber viel von ihrem früheren Glanze verloren und wird nur noch als eine kleine Stadt erwähnt. Wann die Stadt in Trümmer fiel und

<hr />

") Virg Aen. 7, 735. Ov. Met. 7, 665. ") Thuc. 7, 57. ") Herod. 9, 28. ") Thuc. 1, 27. ", Mionnet. II, 202. IIA. Rev. ΚΕΦΑΛΛΟΣ. ") Die Inschrift findet sich bei Müller und St. Sauveur aber fehlerhaft. Des Raumes wegen ist sie hier weggelassen. ") Plin. h. n. 4, 19. Kephallenia et Zakynthos, utraque libera. ") Strabo X 455. ") Dio Cass. 69. ") Cyriac. Inser. I, p. 12.

auf welche Weise und bei welcher Gelegenheit, ob durch Erdbeben oder in Folge feindlicher Eroberung, darüber fehlt jede historische Kunde.

Die Ruinen dieser Stadt findet man auf der Halbinsel Paliki eine Stunde nördlich von Lixuri. Die Umgegend heisst noch heutigen Tages Palichi oder auch Palaeo-castro, ein Name, der in Griechenland noch oft vorkommt und ein altes Schloss bedeutet. Von den cyclopischen Mauern ist in Folge der Erdbeben nicht viel übrig geblieben, so dass man sich keine bestimmte Vorstellung von dem Umfange und der Grösse der Stadt machen kann. Nach Pol. V, 3 war sie von abschüssigen Felsen und vom Meere begrenzt und gewährte nur einen schmalen Zugang von der Seite, welche nach Zakynthos zu liegt, also von der heutigen Stadt Lixuri aus.

Kranioi. Drei Miglien südöstlich von Argostoli liegen auf einer fast unzugänglichen Höhe Ruinen von cyclopischer Bauart, welche man für die Ueberbleibsel der alten Stadt Kranioi hält. Die Bauart besteht aus grossen Blöcken, die zum Theil 12—18 Fuss breit und mit der grössten Genauigkeit zusammengefügt sind. Der Peribolus ist noch mit allen Thürmen zu erkennen. Die südliche Mauer ist 1500 Schritt lang, die nördliche 800. Eine andere Vertheidigungsmauer mit Thürmen läuft noch quer durch das Thal gegen Samos hin, die man 1776·Schritte lang verfolgen kann". Holland in seiner Reise durch die Ionischen Inseln p. 35 sagt: „Der Umfang der Stadtmauern scheint ungefähr 2 Meilen (engl.?) betragen zu haben und sie sind an der Nordseite mit vieler Regelmässigkeit gebaut, zeigen auch noch die Ueberbleibsel eines Thorweges und verschiedene Thüren. Die Bauart ist diejenige, welche man gewöhnlich die cyclopische nennt und die in den frühesten Zeiten Griechenlands üblich war, — grosse, längliche Steinblöcke, ohne Bindemittel sorgfältig auf einander gepasst. In einer nahen Klippe ist eine Höhle mit einer griech. Inschrift in dem Felsen, wovon jedoch nur wenige Buchstaben noch leserlich sind; ohne Zweifel hat sie zu einem Begräbnissort gedient".

Ruinen einzelner Gebäude finden sich hier schon lange nicht mehr. Alles liegt wüst und graus durcheinander. Umsonst sucht man weiter unten gegen Argostoli zu nach jenen grossen Trümmern, die im Alterthum zu Seemagazinen oder Werften gedient haben mögen. Jetzt unbedeutende Ruinen. — Nach Stephanus aus Byz erhielt die Stadt ihren Namen von Kranios, einem Sohne des Kephalos. Strabo schreibt den Namen Κράνιοι, ebenso Thuc. II, 30; Livius 38, 28 Kranii. In geschichtlicher Beziehung werden die Bewohner nur einmal erwähnt und zwar im peloponnesischen Kriege. Anfangs auf Seiten der Corinther schlossen sie sich, als die Athener mit 100 Schiffen nahten, den letzteren an und blieben ihnen ungeachtet der Versuche von Seiten der Corinther, die Stadt in ihre Gewalt zu bekommen, treu. Mit 40 Schiffen und 1500 Hopliten liefen die Corinther in den Busen von Argostoli ein und lagerten sich im Angesichte der Stadt mussten aber, von den Einwohnern auf ihre Schiffe zurückgetrieben, unverrichteter Sache abziehen.

---

[1] Kendrich S. 110.

Pronoi. Bei Polyb. V, 3 heisst die Stadt *Πρόνοι*, bei Strabo X *Πρώνησος*, auf
den Münzen *Προ* und *Πρώνων*; Thucydides II, 30 nennt die Bewohner *Πρόναιοι.*
Ueber die Stelle, wo diese Stadt gestanden, sind die Reisenden neuerer Zeit bei dem
Mangel jeglicher historischen Andeutung von Seiten der alten Schriftsteller verschiedener Meinung. Die einen suchen sie an der Südseite der Insel, weil sie dort Trümmer einer Stadt gefunden, andere an der Ostseite und aus demselben Grunde. St.
Sauveur III, p. 66 meint sogar, sie habe an der Nordküste gelegen in der Nähe des
heutigen Vorgebirges Viscardo, ohne aber einen Grund für seine Behauptung anzugeben. Wenn man auf die Beschaffenheit der Trümmer Rücksicht nimmt und sie
mit denen von Kranioi vergleicht, so scheint die Ansicht derer der Wahrheit am nächsten zu kommen, welche behaupten, dass die Stadt an der Ostküste gestanden habe.
Denn die auf der Ostseite entdeckten Trümmer verrathen jene cyclopische Bauart, deren Structur auf die Vorzeit zurückführt, während die Trümmer auf der Südseite späteren römischen Ursprungs sind. Einiges Licht hierüber giebt die Stelle in Polyb. V, 3,
wo die Rede ist von dem misslungenen Versuche Philipp's III. gegen Pronoi und die
Palenser. Philipp nämlich fuhr mit seiner Flotte von Patrae ab und landete bei Pronoi.
Als er aber sahe, dass diese Festung nicht ohne grosse Schwierigkeiten zu belagern
und die Gegend umher sehr beschränkt sei (durch Berge), so fuhr er weiter gegen
die Palenser. Da nun nicht anzunehmen ist, dass Philipp, um nach der an der Südseite der Insel gelegenen Stadt der Palenser zu kommen, bei seinem Aufbruch von
Patrae den gefährlichen Canal von Viscardo zwischen Kephallenia und Ithaka und die
Westküste umschifft, sondern vielmehr den nächsten und gefahrlosesten Weg nach der
Ostküste genommen habe, so ist wohl die Vermuthung gerechtfertigt, die Stelle der
Stadt an der Ostküste zu suchen. Und in der That findet man an der Ostseite der
Insel im Distrikte Rakli oder Heraclea zwischen den heutigen Oertern Limenia und
Poros Trümmer cyclopischer Bauart. Der Atrosberg und der Berg Coronos, ein Abzweig des Aenos, bilden hier ein enges Kesselthal, dessen kleine Gewässer nur durch
eine perpendiculäre Spalte, Poros genannt, die fast von Menschenhänden gearbeitet zu
sein scheint, Abfluss ins Meer haben". Es finden sich hier überall, wie Goodisson
S. 146—149 erwähnt, Spuren alter Gebäude von Quadersteinen, manche vom Boden
halb bedeckt. Die Reste einer sehr festen Citadelle sind noch auf einem der Gipfel
über dem Dorfe Coronos zu sehen. Sie ist mit cyclopischen Mauern umgeben und
hat 3—4 Cisternen in den Felsen gehauen. — Jetzt freilich ist nicht mehr viel vorhanden. In geschichtlicher Beziehung ist ausser der Stelle Polyb. V, 3 nichts näheres
bekannt, ebenso fehlt jede Kunde über die Zeit und Art ihres Unterganges. —
    Die Stadt des Antonius. C. Antonius, der Mitconsul des Cicero im Jahre 63
v. Chr. lebte nach seinem Consulat einige Zeit als Verbannter auf Kephallenia und
legte den Grund zu einer neuen Stadt. „Zu unserer Zeit, erzählt Strabo, baute C. Antonius noch eine andere hinzu, der Oheim des M. Antonius, als er nach seinem Consulate, das er mit dem Redner geführt, in der Verbannung auf Kephallenia lebte und

---

¹²) Kruse Hell. II, 2 p. 450.

die ganze Insel wie sein Eigenthum in seiner Gewalt hatte; doch vollendete er sie nicht,
da er die Erlaubniss zur Rückkehr erlangt hatte und mit grösseren Dingen beschäftigt,
vom Leben schied". Diese nicht vollendete Stadt heisst gewöhnlich die Stadt des
Antonius; St Sauveur III p. 67 nennt sie Petulia, ohne die Quelle, aus der er ge-
schöpft, weiter anzugeben. Ueber die Lage der Stadt giebt Strabo keinen näheren
Aufschluss; man vermuthet aber, dass sie an der Südseite der Insel lag. Hier an der
Südostspitze bei dem heutigen Orte Skala fand Goodisson die Ruinen einer Stadt, deren
Bauart einer späteren Zeit angehört. Das Dorf zieht sich" in einer romantischen
Lage an das mit Rhododendron bedeckte Gebirge in die Höhe. Hier sind die Ruinen
einer alten Stadt, Fundamente von Häusern und Reste eines Tempels und Römische
Bäder an einem kleinen Flusse, der jetzt fast versandet ist, bei dem Kloster St. Ana-
stasio. Mitten unter ihnen bei den Römischen Bädern, deren ungefähr 12 sind, ist eine
kleine Capelle, ebenfalls aus der Römischen Zeit, mit Mosaik-Fussboden, der fast un-
versehrt ist, weil die eingefallenen Theile des Gebäudes ihn beschützt haben. In geringerer Entfernung liegen mehrere Mosaik-Fussböden umher, und etwas weiter unten
ein Tuff-Steinbruch, aus dem die Steine zu der Stadt und zu den Säulen des kleinen
Tempels unreiner dorischer Ordnung geholt wurden. Der Tempel ist 6 bis 7 Fuss
tief unter der Oberfläche der Erde entdeckt, und ist ebenso, wie der Tempel des Apollo
auf dem Vorgebirge Leucate unverhältnissmässig lang gegen seine Breite. – Die ganze
Bauart der Stadt, deren Ruinen Goodisson S. 141—143 ausführlich beschreibt, bezeugt
nicht nur den Römischen Ursprung sondern scheint auch anzudeuten, dass die Anlage
nicht ganz zu Stande kam³⁴.

Kephallenia Ptolem. geograph. 4, 14. Entweder ist diese Stadt die später
ausgebildete Römische Anlage des Antonius oder vielleicht der Ort, welcher bei dem
jetzigen Kastell St. Giorgio, oberhalb der heutigen Stadt Argostoli lag. Nach Kendrick
sind dort Ruinen, Münzen und Vasen gefunden worden. Vielleicht wurde auf ihrer
Stelle oder in ihrer Nähe das spätere Kastell Cefalonia erbaut, das in der Nähe von
Argostoli liegt, heutigen Tages aber nicht als eine Festung betrachtet werden kann,
denn nur gegen das Meer zu ist sie fest, gegen Norden wird sie von den höher gelegenen Hügeln völlig beherrscht. Noch im Mittelalter zur Zeit der Venezianischen Herrschaft geschieht dieses Ortes Erwähnung als eines festen Platzes, wohin sich die Land-
bewohner bei feindlichen Ueberfällen zurückzogen. Da diese Festung aber nicht ausreichte, so bauten die Venetianer im Jahre 1595 noch die Festung Asso auf der Halbinsel Erisso. Aus dem Hafen dieser Stadt Kephallenia scheint späterhin Argostoli entstanden zu sein.

Nesiotae. Livius 38, 28 erwähnt unter den Städten, welche sich dem Römischen
Consul Fulvius unterwarfen und je 20 Geisseln stellten, die der Nesiotae, ein Name,
worunter Manners Hell. 91 alle Bewohner von Kephallenia verstanden wissen will.
Allein diese Ansicht ist wohl nicht haltbar; denn dass Livius unter diesem Namen
die Bewohner einer Stadt und nicht der ganzen Insel versteht, möchte schon daraus

³⁴) Kruse Hell. II, 2. p. 452.   ³⁵) Kruse Hell. II, 2. p. 452.

hervorgehen, dass er neben den Nesioten auch die Bewohner der übrigen drei Städte, Kranioi, Pale und Same erwähnt. Eine andere Frage aber ist, ob dieser Name eine neue Stadt bezeichnet oder nur eine Verstümmelung des Namens Pronoi aus Pronesus ist. Beide Ansichten finden ihre Vertheidiger. Der Name Nesiotae wird nur bei Livius erwähnt, Pronesos bei Strabo. Die Ausleger dieser Livianischen Stelle halten beide Namen für die Bezeichnung einer und derselben Stadt und meinen, dass statt Nesiotae eigentlich Pronesiotae zu lesen sei. Andere dagegen verstehen unter Nesiotae die früheren Bewohner der heutigen Bergfestung Asso auf der Westseite der Halbinsel Erisso und sind der Meinung, dass im Lauf der Zeit Nesos oder Nasos in Assos übergegangen sei. Diese Ansicht wird noch dadurch bestätigt, dass noch zur Zeit der Venezianischen Herrschaft die wieder aufgebaute Festung Asso auch Nesso genannt wurde, woraus zu schliessen sein möchte, dass Asso auf den Trümmern einer schon vorhandenen Stadt, der alten Nesos des Livius, erbaut ist. Demnach sind Nesos und Pronesos Bezeichnung für zwei verschiedene, an entgegengesetzten Küsten der Insel liegende Städte

Auf der Westseite der Halbinsel Paliki bei dem Dorfe Taphios finden sich noch einige unbedeutende Ruinen, welche man für die Ueberbleibsel des bei Stephanus erwähnten Taphios hält.

12. Geschichtliche Uebersicht bis zum Anfang der Venezianischen Herrschaft.

Die Pelasgischen Stämme, welche als die ersten Bewohner Akarnaniens aufgeführt werden, waren die Leleger und Teleboer; ihnen schlossen sich östlich an die aus Aetolien eingewanderten Kureten, nach denen auch der östliche Theil Akarnaniens Kuretis genannt wurde. Die Teleboer hiessen auch Taphier nach den beiden Brüdern Teleboas und Taphios, die als Häupter an der Spitze standen. Letzteren macht die Sage, um damit seine Einwanderung zur See zu bezeichnen, zu einem Sohn des Poseidon[1]. Beide Stämme besetzten wahrscheinlich den Küstenstrich Akarnaniens und die am Ausfluss des Achelous gelegenen Inseln. Auch die weiter von der Küste entfernten Inseln, unter ihnen Kephallenia, kamen in ihren Besitz; denn nach einer Sage des Scholiasten zu Od. 17, 207 wurde von dieser Insel aus durch die Söhne des Pterelaos, nemlich Ithakos, Neritus und Polyktor Ithaka bevölkert und nach dem Ersten benannt[2]. Pterelaos war der Sohn des Taphios. Ein Krieg des Pterelaos mit Amphitryon zog andere Bewohner her. Die Veranlassung zu diesem Kriege war der Sage nach folgende. Pterelaos machte wegen seiner Abstammung von Nestor, dem Sohne des Perseus, von mütterlicher Seite her Ansprüche auf seinen Antheil an der Erbschaft von Mycene, welches damals Electryon, Sohn des Perseus und der Andromeda, beherrschte. Die Söhne des Pterelaos gingen daher in Begleitung der Taphier nach Mycene und suchten ihre Forderung geltend zu machen, und als Electryon sich weigerte, etwas herauszugeben, trieben sie seine Rinder weg. Bei dieser Gelegenheit kam es mit den Söhnen des Electryon zum Kampf und es fielen auf beiden Seiten sowohl die Söhne des Pterelaos bis auf den Everes, der bei den

---

[1] Apoll. II, 4,5. [2] Schol. z. Od. 17, 207 Πτερελάου παῖδες Ἴθακος καὶ Νήριτος . . . . ᾤκουν τὴν Κεφαλληνίαν . . . . καταλιπόντες τὰ σφέτερα ᾔδη παραγίνονται εἰς τὴν Ἰθάκην καὶ τόπον ἰδόντες εὖ πεποιημένον . . . . . τὴν Ἰθάκην ἔκτισαν καὶ ἀπὸ μὲν τοῦ Ἰθάκου ἡ νῆσος ἐπωνομάσθη Ἰθάκη.

4

Schiffen als Wache geblieben war, als auch die des Electryon bis auf den Licymnius, der noch sehr jung war. Electryon wollte durch einen Zug gegen Pterelaos den Tod seiner Söhne rächen, übergab deshalb seinem künftigen Schwiegersohne Amphitryon und seiner Tochter Alemene die Herrschaft über Mycene, wurde aber unvorsichtiger Weise vom Amphitryon getödtet. Dies war dem Sthenelus, dem älteren Sohne des Perseus, ein willkommener Vorwand, den Amphitryon aus ganz Argos zu verjagen und die Regierung über Mycene und Tiryns selbst zu übernehmen. Amphitryon musste mit der Alemene und dem Licymnius das Land verlassen und begab sich nach Theben, wo er von Kreon der Blutschuld entladen wurde¹. Hier erklärte Alemene, sie würde nur demjenigen ihre Hand reichen, der ihrer Brüder Tod rächen würde. So sah sich denn Amphitryon veranlasst, die Teleboer zu bekriegen, und bat den Kreon, ihm in diesem Kriege Beistand zu leisten. Auch machte er sich auf den Weg nach Athen zu Cephalus, dem Sohne des Deïoneus⁴ oder Deïon², und beredete diesen gegen Antheil an der Beute an dem Zuge Theil zu nehmen. Ausser Kreon von Theben, Cephalus von Thoricus in Attica, zogen noch mit Panopeus aus Phocis, Heleus, Sohn des Perseus, aus Helos, der Argeer Stadt, und verwüsteten die Insel der Taphier. So lange aber Pterelaos lebte, konnten die Verbündeten das Land der Taphier nicht in ihre Gewalt bekommen; als aber Pterelaos durch die Hinterlist seiner eigenen Tochter Comaetho gefallen war, eroberten sie an der Küste diesen Inseln. Amphitryon zog mit der gewonnenen Beute nach Theben zurück, nachdem er zuvor die Inseln dem Heleus und Cephalus übergeben hatte, die nun Städte erbauten und beherrschten. — Cephalus verlegte seinen Wohnsitz nach der nach ihm benannten Insel Kephallenia. Nach dieser Niederlage sollen einer Sage zufolge die Teleboer die Echinaden verlassen und sich auf den Capreïschen Inseln am Sorentinischen Vorgebirge in Campanien angesiedelt haben⁸. Ob auch Teleboer von der Insel Kephallenia an dieser Auswanderung Theil genommen, darüber ist keine Kunde vorhanden. Nach einer Nachricht des Pausanias, die schon oben erwähnt worden, sollen die Palenser ehemals Dulichier geheissen haben. Hieraus möchte zu folgen sein, dass die erste Ansiedelung in dieser Gegend der Insel von Dulichischen Teleboern oder Taphiern ausgegangen sei. Cephalus fand hier schon Städte vor, über die er seine Söhne setzte und sie nach ihnen benannte⁷. Der Name Dulichium kam allmählich in Abnahme und an seine Stelle trat der des Peleus oder Palens, der an der Spitze der Stadt stand. Pelens pflanzte das Geschlecht des Cephalus fort. Sein Sohn war Arcisius, der mit der Tochter des Icarion, Chalcomedusa, verheirathet war⁹. Aus dieser Ehe stammte Laertes⁹, der einzige Sohn, ab. Von ihm berichtet die Sage, er habe der Calydonischen Jagd beigewohnt, den Argonautenzug mitgemacht¹⁰ und in seiner Jugendzeit die feste Stadt Nericus auf Leucas erobert¹¹. Er war mit der Euryclcia, der Tochter des Autolykos, eines Fürsten in der Gegend des Parnassus, verheirathet und zeugte mit ihr ausser mehreren Töchtern, von denen Homer nur die jüngste, Klimene¹², nennt, die nach der Sage bei den Scholiasten die Gattin des Eurylochos¹³, des Gefährten des Odysseus gewesen sein soll, einen einzigen Sohn Odysseus, dem er noch bei Lebzeiten die Regierung abtrat und als Privatmann lebte. Beide hatten ihre Residenz nach Ithaka verlegt. Odysseus war eben und Penelope, der Tochter des Icarios¹⁵, verheirathet, als von Agamemnon und Menelaos alle Fürsten Griechen-

¹) Apoll II, 4, 6. ²) Apoll. III, 15, 1. ³) Apoll II, 4, 7. ⁴) Virg. Aen. 7, 733—745. Tac. Ann. 4, 67. ⁷) Strabo X. Steph. Byz. v. *Κραναοι*. Mag. Etym *Κεφαλληνία*. ⁸) Eust. ad Il IV p. 488. ⁹) Apoll. I, 9, 16 Od. 16, 117. ¹⁰) Hyg. fab. 173. ¹¹) Od. 24, 377. ¹²) Od. 19, 401. ¹³) Od. 15, 362—366. ¹⁴) Od. 10, 441. ¹⁵) Apoll III, 10, 6.

lauds zum Kampfe gegen Ilios aufgefordert wurden. Auch Odysseus zog mit. Der kurz vor seiner Abreise geborene Sohn mit Namen Telemach, war zu jung und schwach, um den Uebermuth der Edlen aus allen Gegenden des Reiches, welche die Mutter zu einer Heirath zwingen wollten, zu brechen. Nach zwanzigjähriger Abwesenheit kehrte Odysseus zurück, tödtete die Freier und stellte Ruhe und Ordnung wieder her. — Zum Reich des Odysseus gehörte nicht nur Ithaka und Kephallenia, sondern auch Zakynthos und Crocylea und Aigilips[16]. Auch einige der Echinadischen Inseln, die fast überall unfruchtbar sind, waren Theile seines Reiches und selbst Dulichium, welches grösstentheils von Meges[17] beherrscht wurde, scheint zum Theil dem Odysseus gehört zu haben, da er von den Dichtern sowohl Dulichius wie Ithakus genannt wird. Nach Dodwell S. 147 gehören noch heutigen Tages die Echinaden den Bewohnern von Ithaka. Ausser diesen Inseln besass Odysseus noch die Küste von Akarnanien bis Leucas[18], welches Land Homer ἄκρη ἠπείροιο nennt im Gegensatz von den Inseln. Auch die Halbinsel Leucas gehörte mit zu diesen Besitzungen, denn Laertes erzählt, wie schon oben erwähnt, dass er die feste Stadt Nericus auf derselben erobert habe.

Nach dem Tode des Odysseus soll, wie noch heute auf Kephallenia die Sage geht, Telemach seinen Wohnsitz von Ithaka nach Same verlegt haben. Mit ihm erlosch der Königsstamm und die vier Städte traten zu einem Städtebund (τετράπολις) zusammen, an deren Spitze wahrscheinlich Pale stand.

Ueber das Verhältniss der Fürsten zu den Unterthanen in damaliger Zeit giebt Homer einige Andeutungen. Ausser den Fürsten gab es Edle, besitzlose Freie und Sklaven. Die Letzteren bilden die unterste Stufe der Gesellschaft und bestehen entweder aus der alten Bevölkerung, welche die Ansiedler unterworfen haben, oder es sind auf Raubzügen[19] erbeutete, oder von griechischen Freibeutern, von phönizischen Schiffen[20] erhandelte Leute, zuweilen von edler Abkunft, Kriegsgefangene oder Nachkömmlinge[21] von Sklaven, öfters auch freie Leute, die wegen Verbrechen durch Richterspruch zu Sklaven gemacht wurden oder aus Armuth und anderen Ursachen Sklavendienste thaten[22]. Das Verhältniss der Sklaven zu ihren Herren, den Fürsten und Edlen, scheint ein mildes gewesen zu sein, wenn auch grausame Strafen, Verstümmelung und martervoller Tod an Sklaven, welche sich vergangen hatten, vollzogen wurden[23]. Es bestand kein Unterschied der Bildung zwischen Herren und Sklaven, es gab sonach keine Kluft, welche den nahen und vertraulichen Verkehr ausgeschlossen hätte[24]. Die Fürsten sassen mit ihren Hirten zum Mahle und die Sklavinnen durften sich erlauben, ihrem Herrn Haupt und Hände zu küssen. Die Arbeiten der Sklavinnen waren die schwierigsten; ihnen lag es ob, das Wasser von den Brunnen und Quellen nach den meist hochgelegenen Edelsitzen zu tragen und das Korn auf Handmühlen zu mahlen. Lange und treue Dienste belohnte ein milder Herr öfters mit dem Geschenke der Freiheit und gab dem Freigelassenen auch wohl Haus und Hof und ein Stück Acker[25].

Höher als die Sklaven standen die Theten. Es waren die besitzlosen Freien, welche sich, um ihren Lebensunterhalt zu erwerben, bei einem Edlen verdingten als Ackerbauer oder Hirten gegen Kost und Kleidung oder auf andere Bedingungen hin. An den Küsten und auf den Inseln fanden aber diese Art Leute leicht Gelegenheit durch Schifffahrt sich Eigenthum zu erwerben und in den besitzenden Stand überzutreten.

---

[16] Il. 2, 631 — 635. Od. 1, 246. Strabo X. Virg. Aen. 3, 372. Sil. Ital. 15, 303. [17] Il. 2. 625 — 629. [18] Od. 14, 100. Strabo X. [19] Od. 15, 416 — 419. [20] Od. 18, 320 — 323. 4, 12. [21] Od. 1, 398. Il. 9. 129. 2, 690. [22] Od. 18, 357. 11, 488. [23] Od. 22, 475. [24] Od. 23, 5. [25] Duncker, griech. Gesch. III. S. 263.

4*

Den dritten Stand bildeten die Grundbesitzer, welche Theten und Sklaven ernähren konnten und deren Auskommen ausreichte, schöne Waffen, Rüstungen oder an der Küste ein Schiff zu halten. In den neuen Ansiedelungen nahmen die ersten Ankömmlinge, welche das eroberte Gebiet getheilt hatten, die Stelle der Edlen ein. Diese zogen mit den Fürsten auf Fehde oder Raub aus, vermehrten durch Kriegsbeute ihren Besitz und hatten dann bei ihrem Reichthum Musse genug, sich in den Waffen zu üben und zu tüchtigen Kriegern auszubilden. Jeder begüterte, waffentüchtige Mann fand Eintritt in diesen Stand[15].

Der König ist der Anführer im Kriege. Sein Ansehen hängt von seiner Tüchtigkeit ab. Ist er zu jung, die Waffen zu führen, so schalten die Edlen seines Gebietes nach Belieben und Willkühr und vergreifen sich wohl gar an seinem Eigenthum. Ist der König alt, ein schwacher Greis, ohne einen tüchtigen Nachfolger an seiner Seite, so wird er nicht mehr geehrt, wenn er nicht durch überlegene Erfahrung und Klugheit seine Würde zu behaupten vermag. Wenn aber die Königsgewalt in kräftigen Händen ist, so scheint seine Macht unumschränkt und sein Wille als Gesetz. Zwar hält er Rath mit den Edlen, aber er mag den Widerspruch nicht gern ertragen. Wenn der Fürst mit den Edlen zu Rathe gesessen, meist beim Mahle[17], wo gewöhnlich sein Wille den Ausschlag giebt, so wird das Volk zur Versammlung gerufen. Die Edlen sitzen dann auf Steinen um den Platz des Königs, das Volk steht im Kreise umher. Die Herolde gebieten Ruhe und überreichen dem Redner den Stab, die Erlaubniss zum Sprechen und das Zeichen des Redners. Die Versammlung des Volkes dient im Grunde nur dazu, die Willensmeinung des Königs zu vernehmen. Zuweilen ergreift auch wohl ein Mann aus dem Volke den Stab, aber vorlaute Sprecher haben Schläge zu erwarten und dem Volke steht es nur frei, seine Stimmung über die Vorschläge des Königs durch Beifallsgeschrei oder Schweigen zu äussern, und es bleibt ihm am Ende nichts übrig, als zu gehorchen. Jedoch ist dem Fürsten viel daran gelegen, willigen Gehorsam zu finden und das Volk von der Zweckmässigkeit seines Beschlusses zu überzeugen. Dem Range nach steht der König mit den Edlen gleich, nur seine Gewalt ist eine grössere. Es liegt ihm ob, an den Festen die grossen Opfer zu bringen, ohne eines Priesters zu bedürfen, und im Kriege hat er den Oberbefehl. Die Edlen und das Volk zum Theil oder in Masse sind verpflichtet[18] dem Aufgebot des Königs zu gehorchen. Auch Freiwillige aus dem Volke begleiteten oft den König[19]. Im Lande sollte der Fürst Friede erhalten und mit Milde herrschen; denn wo der König gottesfürchtig herrscht und das Recht wahrt, da bringt die Erde reiche Früchte, die Heerden gedeihen und das Meer ist reich an Fischen[20]. Dafür erhielt der König sein Opfer und Mahle die besten Stücken, ehrten die Edlen und das Volk ihn durch Geschenke und gaben Beiträge, wenn das Heer auszog, zur Erhaltung der Mannschaft. Von der Kriegsbeute fiel dem König der Ehrentheil zu, die übrige Beute sollte er gerecht vertheilen unter die Edlen.

Ueber das Verhältniss der vier Städte zu einander lässt sich bei dem gänzlichen Mangel an Nachrichten nichts Bestimmtes ermitteln. Wahrscheinlich bildeten sie einen Städtebund, wie der Name Τετράπολις anzudeuten scheint. Aus der oben erwähnten bei Pale gefundenen Inschrift, in der von einem Beschlusse des Senates und des Volkes die Rede ist, will man die Folgerung ziehen, dass nach dem Aussterben der Königsfamilie die Herrschaft zwischen einem Senat und dem Volke in Pale, vielleicht auch in den andern Städten, getheilt gewesen sei. Der Paleuser geschieht zuerst Erwähnung in den Perserkriegen. Xerxes, König der

---

[16] Od. 14, 213. [17] Od. 4, 690. [18] Od. 14, 237. [19] Il. 13, 699. 24, 400. [20] Od. 19, 108 - 114.

Perser, war nach der unglücklichen Schlacht bei Salamis 480 v. Chr. nach Asien zurückgegangen; sein Feldherr Mardonius aber mit einem 300,000 Mann starken Heere in Griechenland zurückgeblieben. Da erging an alle griechischen Städte das Gebot, Mannschaften zu stellen, um den gemeinsamen Feind aus dem Lande zu vertreiben. Auch die Palenser eilten herbei. In der darauf folgenden Schlacht bei Plataeae 479 v. Chr. standen 200 Hopliten der Palenser neben den Anaktoriern, einer Colonie Corinths, und den Corinthern. Durch den Sieg der Hellenen unter Anführung des Lacedaemoniers Pausanias und des Atheners Aristides wurde Griechenland auf immer von den Einfällen der Perser befreit. — Aus dieser Stellung der Palenser neben den Corinthischen Anaktoriern folgert Raoul-Rochette in seinen colon. graec., dass Pale von Corinth aus Kolonisten erhalten habe, weil nach einer alten Sitte die Mannschaften der Pflanzstädte sich neben denen der Mutterstädte aufzustellen pflegten. — Corinth entsendete Colonisten nach Westen und nach Akarnaniens und Epirus Küsten. Corcyra war eine Kolonie Corinths. Die Misshelligkeiten zwischen Kypselos, der im Jahre 656 v. Chr. sich zum Tyrannen von Corinth aufwarf, und der früher herrschenden Familie der Bacchiaden veranlassten viele der Letzteren, um den Bedrückungen und Nachstellungen, namentlich von Seiten seines Sohnes Periander zu entgehen, ihre Vaterstadt zu verlassen und theils in Corinthischen Pflanzstädten, theils auf andern Inseln neue Wohnsitze zu suchen. In dieser Zeit mögen wohl Corinthische Flüchtlinge in Kephallenia Aufnahme gefunden haben; jedoch lässt sich darüber nichts mit Gewissheit bestimmen.

Am Peloponnesischen Kriege 431—404 v. Chr. nahmen sie lebhaften Antheil. Die Anfänge dieses Krieges spielten in ihrer Nähe und es war beiden kriegsführenden Parteien daran gelegen, auf dieser mit günstigen Häfen versehenen Insel festen Fuss zu fassen und diese schifffskundigen Inselbewohner auf ihre Seite zu ziehen. — In Epidamnus, einer Pflanzstadt des von Corinth aus kolonisirten Corcyra's, hatte das Volk die aristokratische Verfassung gestürzt und den Adel vertrieben, welcher von den herumwohnenden Barbaren unterstützt, der Stadt heftig zusetzte. In dieser Noth wandte sich das Volk an die Mutterstadt Corcyra und als dieses die Hülfe verweigerte, an Corinth, welches aus Eifersucht gegen Corcyra sogleich Kriegsvolk nach Epidamnus schickte. Die Corcyräer, die sich als die nächsten Gründer in ihren Rechten gekränkt glaubten, griffen Epidamnus an und, da dieses ihrem Verlangen, die Verbannten wieder in ihre Rechte einzusetzen und die Corinthische Besatzung zu entlassen, nicht nachkam, eroberten sie es, nachdem sie zuvor eine zum Ersatz herbeigekommene Flotte Corinth's geschlagen hatten. Die Corinther rüsteten von Neuem, die Corcyräer wandten sich au Athen und schlossen ein Schutzbündniss. Als es darauf zwischen den Corcyräern und Corinthern zu einer Seeschlacht kam, blieben zwar anfangs die Athener ruhige Zuschauer, standen aber bald den Corcyräern, als sie ins Gedränge kamen, bei und wurden mit den Corinthern handgemein.

Darauf wandten sich die Corinther an die Spartaner, welche Hülfe zusagten, und so entstand jener für Griechenlands Blüthe so verderbliche Peloponnesische Krieg, in welchen fast alle Städte Griechenlands und Inseln verwickelt wurden. Zu den Verbündeten Corinth's und Sparta's gehörten die Kephallenier, während dagegen die benachbarte Insel Zakynthos auf Seiten der Athener stand[21]. Die Palenser schickten den Corinthern vier Schiffe[22]; traten aber später auf die Seite der Athener, als diese sich mit 100 Schiffen der Insel näherten[23], und blieben ihnen, so lange diese die Oberherrschaft zur See behaupteten, treu und ergeben.

---

[21] Thuc. II, 9. [22] Thuc. I, 27. [23] Thuc. II, 30.

Für die Corinther war dieser Abfall ein grosser Verlust. Sie schickten daher 40 Schiffe mit 1500 Hopliten und anderen Hülfstruppen nach Kephallenia. Die Flotte landete am Gestade von Kranioi und die Truppen lagerten sich im Angesichte der Stadt. Die Einwohner, welche durch die Mauern ihrer hochgelegenen Stadt ziemlich geschützt waren, thaten dennoch, als wollten sie sich unterwerfen, machten aber, als die Corinther in Folge dessen weniger auf ihrer Hut waren, unvermuthet einen Angriff auf ihr Lager, tödteten einen Theil der Feinde und jagten die übrigen in die Schiffe, so dass sie eiligst und unverrichteter Sache abziehen mussten[21]. Seit dieser Zeit wurden sie von den Corinthern nicht weiter belästigt. Den Atheniensischen Feldherrn Demosthenes unterstützten die Kephallenier bei seiner Unternehmung gegen Leucas mit Schiffen und Mannschaft[25]. Auch an dem Zuge der Athener gegen Syracus (411—413) nahmen sie Antheil. Dieser Kriegszug fiel aber für die Athener unglücklich aus; denn Feldherrn und Truppen fanden ihren Untergang[26]. — Im Verlauf des Peloponnesischen Krieges werden sie nicht weiter erwähnt. —

Nach geraumer Zeit hatten sich in Griechenland der Achäische und Aetolische Bund gebildet. An der Spitze des ersteren stand Aratus aus Sicyon, und mit dem letzteren war Kleomenes in Sparta verbündet, der die Lycurgische Verfassung in seiner Vaterstadt wiederherstellen wollte. Zu dem Ende suchte er Lacedaemon von dem Einfluss der Achäer frei und sein Land selbständig zu erhalten. Dadurch entstand zwischen den Achäern, welche das Uebergewicht im Peloponnes zu behaupten suchten, und Sparta ein Krieg, in welchem Aratus vom Kleomenes geschlagen wurde. In dieser Noth rief Aratus den Philipp, der seit 221 v. Chr. König von Macedonien war, zu Hülfe und Kleomenes erhielt Aetolische Unterstützung. Die Kephallenier waren dabei treue Bundesgenossen der Aetolier, welche zu ihrer Ueberfahrt nach dem Peloponnes Kephallenische Schiffe und Schiffer benutzten und ausserdem durch Mannschaften unterstützt wurden[27]. Um den Aetolern diese Hülfe abzuschneiden und die Insel Kephallenia selbst in seine Gewalt zu bekommen, brach Philipp mit einer Flotte von Patrae in Achaja auf und legte bei Pronoi in Kephallenia an. Als er aber sah, dass diese Stadt schwer zu erobern war, fuhr er an der Südküste herum nach dem Meerbusen von Kranioi und landete bei Pale, in der getreidereichsten Gegend der Insel. Hierauf schlug er im Angesichte der Stadt sein Lager auf, liess die Schiffe auf's Land ziehen und durch einen Wall und Graben schützen und schickte sich an, nachdem seine Bundesgenossen angekommen waren, die Stadt mit aller Macht zu belagern. Auf der Nord- und Westseite war diese durch Berge, im Osten durch das Meer geschützt, nur die Südseite gewährte einen Zugang. Hier errichtete er Belagerungswerkzeuge[28]. Durch Wurfmaschinen gelang es ihm, die Mauer zwei Joch breit zum Einsturz zu bringen. Als er aber im Begriff war, die Stadt durch Sturm zu nehmen, entstand Verrath unter den Seinen, welcher ihn zwang, die Belagerung aufzuheben.

Unterwerfung durch die Römer. Während die Römer mit dem Antiochus von Syrien 191—189 v. Chr. in Asien Krieg führten, hatten die Aetoler die Waffen ergriffen, um sich vom Römischen Einflusse frei zu machen, allein die Nachricht von der gänzlichen Niederlage des Syrischen Königs bei Magnesia am Sipylus zerstörte ihre neuen Hoffnungen, und sie sahen sich endlich genöthigt, sich dem Consul M. Fulvius Nobilior (189 v. Ch.), dem die Angelegenheiten der Aetoler zur Entscheidung übergeben waren, unter harten Bedingungen zu ergeben. Auch bei diesem Aufstande waren die Kephallenier eifrige Bundes-

---

[24]) Thuc. II, 33. [25]) Thuc. III, 94. [26]) Thuc. VII, 57. [27]) Polyb. IV, 6. [28]) Polyb. V, 1.

genossen der Aetoler gewesen und hatten den Römern zur See bedeutende Verluste bei-
gebracht, indem sie mit ihren Schiffen den Römischen, welche dem Heere in Griechenland
Lebensmittel u. Kriegsbedarf zuführten, auflauerten und sie wegnahmen, weshalb Livius 37. 13
das Ionische Meer als ein der Zufuhr aus Italien verschlossenes (mare clausum) bezeichnet.
Daher konnte es denn nicht fehlen, dass die Römer auf die Kephallenier sehr erbittert waren.
Bei dem Friedensabschluss mit den Aetolern wurde Kephallenia ausdrücklich von diesem
Frieden ausgeschlossen[39] und dem Consul Fulvius der Befehl ertheilt, die Kephallenier zu
bestrafen. Im Jahre 189 landete der Consul auf der Insel und forderte die Bewohner auf,
sich der Römischen Herrschaft zu unterwerfen und Geisseln zu stellen. In der ersten Be-
stürzung verstanden sich die Samäer, Palenser, Kranier und Nesioten dazu, je 20 Geisseln
zu geben; aber während der Unterhandlungen änderten die Samäer plötzlich, wie sie später
sagten, aus Furcht, dass sie wegen der günstigen Lage ihrer Stadt zur Auswanderung würden
gezwungen werden, ihren Entschluss, trotzdem die Geisseln schon in den Händen der Römer
waren. Der Consul, dem es im ersten Augenblick an jedem Belagerungswerkzeug fehlte,
der aber die Unterwerfung so schnell als möglich bewerkstelligen wollte, versuchte alles
Mögliche, diesen Entschluss zu ändern. Er schickte die ihm übergebenen Geisseln an die
Mauern der Stadt, damit diese durch Bitten ihre Verwandte und Landsleute zur Unterwerfung veranlassen möchten; allein die Samäer blieben ungerührt und rüsteten sich zur Ge-
genwehr. Vier Monate lang dauerte die Belagerung dieser einzelnen Stadt, und die Römer
litten durch fortwährende Ausfälle sehr. Erst als das nöthige Belagerungsgeräth aus Am-
bracia herbeigeschafft war, wurde der Stadt heftiger zugesetzt. Endlich gelang es den Römern, als die Samäer schon harte Verluste erlitten und durch Wunden und Krankheiten er-
schöpft waren, sich in einer Nacht der Burg Cyatis zu bemächtigen und bis auf den Markt
vorzudringen. Auf diese Nachricht eilte die waffenfähige Mannschaft mit Weibern und Kindern in die grössere Burg, aber abgeschnitten und ohne Aussicht auf Ersatz musste sie sich
am folgenden Tage dem Consul auf Gnade und Ungnade ergeben. Die Strafe war hart.
Die Stadt wurde geplündert und zerstört, die Bewohner als Sklaven verkauft. Die Burgen
wurden wahrscheinlich nicht vernichtet; denn nachdem der Consul die Angelegenheiten der
Insel geordnet hatte, legte er bei seinem Aufbruch nach dem Peloponnes eine Besatzung in
die Burg. Die übrigen Städte behielten ihre städtischen Verfassungen; denn Plinius IV, 12
erwähnt von Kephallenia sowohl, wie von Zakynthos, dass beide Inseln frei seien (utraque
libera). Zu Strabo's und Plinius Zeit bestanden die drei Städte noch, waren aber klein
und unbedeutend, so dass Livius die Bewohner ein armes Volk nennt (inops populus). Die
Insel gehörte von dieser Zeit an den Römern und diente Römischen Grossen, wie dem
C. Antonius, dem Mitconsul des Cicero im Jahre 63, öfters während der Verbannung zum
Aufenthalt. Die Stadt Pale stand noch zur Zeit des Kaiser Hadrian, der 117—138 v. Chr.
regierte. Auf seinen Reisen besuchte er auch diese Insel und schenkte sie den Athenern[40].
In welchem Verhältniss von nun an die Insel zu den Athenern stand, ist nicht recht klar;
doch scheint die Schenkung für die Inselbewohner ein freudiges Ereigniss gewesen zu sein,
da die Palenser hierfür dem Hadrian in Athen ein Denkmal setzten[41], wie schon oben erwähnt ist, und ihre Stadt eine freie und selbständige nannten. Späterhin wurde die Insel
zu der Römischen Provinz Epirus geschlagen[42].

[39] Liv. 38, 11. Cephallenia extra pacis leges esto. [40] Dio Cass. 19. [41] Cyriac. Anc. inscr. I, S. 12.
[42] Ptol. geogr. IV, 14.

32

Bei der Theilung des Römischen Reiches in ein West- und Oströmisches Kaiserthum 395 v. Chr. kam die Insel Kephallenia zum Oströmischen Reiche bis zum Jahre 982, wo sie nach einer Erzählung des Jean Martins[1] den Lombarden gehört haben soll. Auch der Normannenherzog Robert Guiscard scheint sie während des Krieges mit Alexius, dem Kaiser von Constantinopel zur Zeit des ersten Kreuzzuges, bis zu seinem Tode, der eben auf dieser Insel erfolgte, in Besitz gehabt zu haben. Im Jahre 1125 gehörte sie wieder zum Griechischen Kaiserthum. Die Venetianer, welche sich mit den Genuesern vereinigt hatten, bemächtigten sich des Schlosses Cephalonia und dehnten von hier ihre Eroberungen bis an Syriens Küsten aus. Bei der Eroberung des Schlosses fanden sie den Körper des heiligen Donat, der nach Venedig hinübergebracht wurde.

Im Jahre 1204 am 12. April fiel Constantinopel in die Hände der Kreuzfahrer und der sie unterstützenden Venetianer, und auf den Trümmern des Griechischen Kaiserthums erhob sich einige Zeit lang das Lateinische Kaiserthum. Zum Kaiser ward einstimmig der tapfere Balduin, Graf von Flandern und Hennegau, ernannt. Venedig nahm für sich den Theil, der ihm am gelegensten war, nämlich den ganzen Küstenstrich am Adriatischen und Aegäischen Meere, ein Stück des Peloponnes und viele Inseln. Cephalonia verblieb dem Kaiser Balduin. Als Belohnung für treue Dienste während des Krieges übergab Balduin dem Galus, Fürsten von Tarent, mehrere Inseln, unter andern auch Cephalonia, verlangte aber von ihm den Eid der Treue und den vierten Theil der Einkünfte. Da aber der Kaiser nicht im Stande war, seine Lehnsleute den mächtigen Venezianern gegenüber zu schützen, so begaben sich mehrere Lehnsleute des Kaisers in den Schutz von Venedig. Auch Galus fand es für rathsam, 1215 diesem Beispiel zu folgen und an die Venetianer Tribut zu zahlen. Im Jahre 1225 unternahmen mehrere vornehme Venezianer mit Erlaubniss des Senats einen Zug gegen Griechenland und bemächtigten sich einiger Inseln. Unter den Theilnehmern war ein Graf Tochi von Neapel, der später die Inseln Cephalonia, Zakynth, Ithaka und mehrere andere durch Kauf an sich brachte und längere Zeit hindurch Besitzer dieser Inseln blieb.

Im Jahre 1261 hatte das Lateinische Kaiserthum, nachdem es seit 1204 fortwährend durch innere und äussere Unruhen in seinem Emporkommen gehemmt worden war, durch Michael Palaeologus, Kaiser von Nicäa, seine Endschaft erreicht und einem neuen Griechischen Kaiserthum Platz gemacht. Auf Michaels Sohn Andronicus folgte Johann Kantakuzenus im Jahre 1336, der, um den Grossen seines Reichs die Gelegenheit zur Empörung zu erschweren, die Herrschaft über Albanien zwischen einem gewissen Spata und Musachi Theodopia theilte. Der Erstere residirte zu Janina, der Andere hatte zu Durazzo seinen Sitz. Nach dem Tode des Kaisers wollte sich Spata zum Herrn der Provinz machen und gerieth deshalb mit Musachi Theodopia und einigen anderen Grossen, die sich seinen Anordnungen nicht fügen wollten, in Krieg. In dieser Bedrängniss wandte sich Spata an den Grafen Tochi um Hülfe, der mit seinem Bruder Leonard Spata's Feinde besiegte. Nachher hatten beide einige Streitigkeiten mit Spata, welcher die für die Hülfeleistung ausbedungene Geldsumme nicht zahlen wollte; doch wurde diese Misshelligkeit durch die Verheirathung des Grafen Tochi mit der Tochter des Spata beigelegt. Nach dem Tode seines Schwiegervaters kam er in den Besitz Janinas und desjenigen Theils von Albanien, den sich Spata unterworfen hatte. Der Kaiser bestätigte ihn in diesem Besitz. Aber durch seinen Stolz

[1]) Cappadociae praetoria olim turma erat praetoriae orientalium, Cephaloniae praetoriae sive insulae turma olim erat praetoria Longobardiae, sed praetoria facta est sub pio domino Leone.

und die Härte seiner Regierung brachte Tochi seine neuen Unterthanen gegen sich auf, so dass sie, um seinen Unterdrückungen zu entgehen, den Schutz des Sultans Murad anriefen. Bei der Schwäche des Griechischen Kaiserthums hatten die Türken in Kleinasien allmählich alle Besitzungen an sich gebracht und auch in Europa anfangs in Gallipolis, nachher im Jahre 1361 in Adrianopel einen Herrschersitz gegründet. Von hier aus erweiterten sie ihre Macht in Europa und benutzten jede Gelegenheit, festen Fuss zu fassen. Dem damaligen Sultan Murad kam der Hülferuf der Albanier gegen Tochi sehr erwünscht. Janina wurde von den Türken belagert und genommen. Kurze Zeit darauf starb Tochi, ohne eheliche Kinder zu hinterlassen, vier natürliche Söhne aber machten auf das Erbe Anspruch. Auch sein Bruder Leonard war gestorben, hatte aber einen ehelichen Sohn, Namens Karl hinterlassen, der als der rechtmässige Erbe seine Ansprüche auf Albanien gegen die vier Brüder mit den Waffen in der Hand vertheidigen musste. In dieser Noth stellten sich letztere unter den Schutz des Sultan Murad (1359—1389), der mit seiner bewaffneten Macht herbeieilte, den Grafen Karl der Herrschaft über Albanien entsetzte und ihn ausserdem zwang, für die Insel St. Maura, Cephalonia und Zante Tribut zu zahlen und seinen Sohn, der den Namen des Grossvaters führte, als Geissel zu stellen. Dieser junge Fürst wurde dem Sultan übergeben, der ihn in engen Gewahrsam setzte, aus dem er erst nach vielen Jahren entkam. Auf diese Weise musste der Fürst doppelten Tribut zahlen, sowohl an Venedig wie an den Sultan. Leonard, der inzwischen seinem Vater auf den Fürstensitz von Cephalonia gefolgt war, hatte sich, um auch auswärts Hülfe gegen die Türken zu erhalten, mit Meliza, der Tochter des Servierfürsten Lazarus verheirathet; aber Mutter und Sohn, der aus dieser Ehe entsprungen war, starben bald. Hierauf verheirathete er sich mit einer Anverwandten des Königs Ferdinand von Neapel unter dem Wissen der Venetianer und Türken, welche beide diese Verbindung ungern sahen. Es bedurfte daher auch nur eines scheinbaren Grundes, um Cephalonia anzugreifen. Die Gelegenheit dazu für die Türken fand sich bald. Leonard nemlich war verpflichtet, an den jedesmaligen Statthalter von Janina, welcher von dem Sultan eingesetzt wurde, 500 Ducaten als Tribut zu zahlen. Der Zufall wollte, dass diese Würde einem jungen Manne, Namens Facit Pascha, einem entfernten Verwandten Leonard's anvertraut wurde. Letzterer in der Meinung, von der Zahlung der Geldsumme entbunden zu sein, schickte dem neuen Statthalter nur Geschenke an Früchten. Facit Pascha, der dies für eine Verachtung ansah, beklagte sich bitter bei dem Sultan, der endlich 25 Schiffe ausrüstete unter dem Oberbefehl des Bidichianat, Paschageneral, und diese Flotte nach Cephalonia sandte. Leonard nicht im Stande, diesem Angriff kräftige Hülfe entgegen zu stellen, und andrerseits in Furcht, dass die Inselbewohner wegen seiner drückenden Herrschaft mit den Türken gemeinschaftliche Sache gegen ihn machen würden, schiffte sich mit seiner Familie und seinen Schätzen nach Neapel ein und verwandte die letzteren zum Ankauf von Ländereien in Calabrien. Später begab er sich nach Rom, wo er durch den Einsturz seines Hauses den Tod fand. Der türkische Befehlshaber überliess sich bei seiner Landung auf Cephalonia der grössten Grausamkeit; viele Bewohner, die als Anhänger des Leonard bekannt waren, wurden unbarmherzig niedergehauen, eine beträchtliche Anzahl von Familien in Eisen und Banden nach Constantinopel geschleppt, wo auf Befehl des Sultans Mahomed (1481), nachdem man sie getrennt, die Männer mit schwarzen Frauen, und die Frauen mit schwarzen Männern verheirathet und auf entfernte Inseln verwiesen wurden, um, wie des Sultans Befehl lautete, zwischen der weissen und schwarzen Race eine dritte zu erzielen. Im Jahre 1481 war Sultan Mahomed gestorben und Unruhen im Osmanischen Reiche ausgebrochen.

Diese günstige Gelegenheit suchte Anton, ein Bruder des Leonard, zur Eroberung der entrissenen Länder zu benutzen. Durch den König von Neapel mit Schiffen und Truppen unterstützt landete er auf Cephalonien und verjagte die Türken von der Insel, aber er erfreute sich der Früchte seines Sieges nicht lange; denn die Venetianer, denen im Augenblick viel daran lag, das gute Vernehmen mit dem Türkischen Hofe zu erhalten, schickten vier Galeeren nach der Insel. Anton fiel im Kampfe, und Cephalonia wurde von den Venetianern dem Sultan Bajazed zurückgegeben. Doch dauerte dieses gute Vernehmen nicht lange. Bajazed, dem die Venetianischen Eroberungen und Erwerbungen auf Cypern und Naxos ein Dorn im Auge waren, rüstete heimlich und begann im Jahre 1499 die Feindseligkeiten ohne weitere Ankündigung. In den ersten Jahren des Krieges erlitten die Venetianer bedeutende Verluste an ihren Besitzungen. Sie machten zwar im Herbste des Jahres 1499 drei Angriffe auf die Insel Cephalonia, ohne jedoch etwas auszurichten. Da wurde im Jahre 1500 Benedetto Pesaro zum Generalcapitain des Meeres ernannt. Dieser in Verbindung mit Gonsalvo di Cordova, dem Anführer eines Spanischen Geschwaders von 65 Segeln und 7000 Mann auserlesener Truppen, erschien vor Cephalonia, warf durch ein mehrtägiges Bombardement die Mauern der Festung zu Boden und nahm dieselbe durch Sturm, worauf den Venetianern die ganze Insel von selbst zufiel. Die flüchtige Türkische Besatzung wurde zum Theil niedergehauen, und nur wenige Türken entkamen. Ein Venetianischer Rettore übernahm die Verwaltung der Insel, liess die zerstörten Festungswerke wiederherstellen und bevölkerte die fast menschenleere Insel mit neuen Ansiedlern, namentlich mit ausgewanderten Griechen aus Koron und Navarin. Der Krieg zwischen Venedig und dem Sultan dauerte noch bis zum Jahre 1502. In dem am 14. Dec. geschlossenen Frieden mussten die Venetianer St. Maura, Koron und Navarin abtreten, behielten aber Cephalonia als Eigenthum. Von dieser Zeit an blieb Cephalonia im Besitz der Venetianer bis zum Untergang der Republik im Jahre 1797.

Beeskow.

Schulnachrichten.

A. Allgemeine Lehrverfassung.

I. Prima.

Ordinarius: Prof. Dr. Jungk I.

Religion. 2 St. w., in beiden vereinigten Coetus. Der Director. Die Lehre von der Kirche und ihre Geschichte, mit Benutzung des Hülfsbuchs für den evangel. Religionsunterricht von Hollenberg. Auswendiglernen von Kirchenliedern.

Deutsch. 3 St. w. Prof. Dr. Jungk. Coet. A. im S. Deutsche Literaturgeschichte von Goethe bis auf die neueste Zeit; im W. Logik. — Coet. B. im S. Deutsche Literaturgeschichte von 1500 bis Klopstock; im W. Geschichte der Literatur des Mittelalters. In beiden Coetus freie Vorträge und Stilübungen.

Latein. In Coet. A. der Director 2 St. Horaz Oden Lib. III. u. IV., 1 St. im S. Quintilian Lib. X., im W. Tac. Hist. Lib. I. Einzelne Stilübungen in Extemporal-Aufsätzen. — Prof. Keil im S. Cic. de Off. I. II., Prof. Richter im W. Cic. pro Sestio u. Phil. I. II. in 3 St. — In Coet. B. Prof. Keil im S. Cic. in Verrem IV. in 2 St., Tac. Ann. II. in 2 St.; Oberl. Dr. Wolff Horaz Oden im S. Lib. II.; im W. Lib. I. in 2 St., Cic. p. Mil. u. p. Lig. 2 St.; Prof. Richter Tac. Ann. I. — Prof. Keil im S. in beiden Coetus Extemporalien, häusliche Aufsätze, Exercitien und mündliche Uebersetzungen aus Zumpt's Aufgaben in 2 St; im W. Prof. Richter in Coet. A., Oberlehrer Dr. Wolff in Coet. B.

Griechisch. 6 St. w. Prof. Salomon. Coet. A. Hom. Ilias Lib. XIV.—XXIV. in 2 St. Ausserdem im S. Soph. Ajax, im W. Plat. Resp. I. u. II. in 3 St. — Coet. B. Hom. Ilias Lib. I. bis VIII. u. X.—XII. In 2 St. Daneben im S. Thucyd. Lib. VI., im W. Plat. Hipp. Major und Charm. in 3 St. In beiden Coetus die wichtigsten Theile aus der Syntax u. schriftliche Uebungen durch Extemporalien 1 St. w.

Französisch. 2 St. Prof. Zimmermann. In Coetus A. Extemporalien und freie Vorträge; 1 St. Lectüre, im S. Tartuffe v. Molière, im W. Mahomet v. Voltaire. Coet. B. Oberlehrer Dr. Wolff. Extemporalien u. freie Vorträge 1 St. La Bruyère les caractères. 1 St. Privatim wurde in beiden Coetus Thiers hist. du consulat im Auszuge von Herrmann gelesen und dies alle drei Wochen controlirt.

Geschichte und Geographie. 3 St. w. Der Director. Die allgemeine Geschichte vom Anfange der Reformation bis zur neuesten Zeit in beiden vereinigten Coetus vorgetragen in 2 St. Die Wiederholung mit besonderer Berücksichtigung der geograph. Verhältnisse in jedem Coetus in 1 St. Repetition der alten Geschichte u. Geographie in Lateinischer Sprache vierzehntäglich in jedem Coetus 1 St.

5*

36

Mathematik. 4 St. w. Oberl. Dr. Bertram. Coet. A. In S. Anwendung der Algebra auf Geometrie; im W. sphärische Trigonometrie, Kettenbrüche, unbestimmte Gleichungen. Coet. B. im S. Stereometrie, Combinationen, der binomische Satz und Anwendung desselben. Auflösung der Gleichungen durch Näherung. Aufgaben aus verschiedenen Theilen der Mathematik.

Physik. 2 St. w. Oberl. Dr. Bertram. Coetus A. im S. Optik; im W. Akustik, Berührungselasticität — Coetus B. im S. Mechanik flüssiger u. luftförmiger Körper; im W. Mechanik fester Körper.

Zeichnen. 1 St. w. Lehrer C. F. Schmidt für die Primaner und Secundaner, welche daran Theil zu nehmen wünschten. Es wurden Baumstudien, ausgeführte Landschaften und Köpfe gezeichnet, und von denen, welche später davon Gebrauch zu machen denken, Uebungen im Planzeichnen vorgenommen.

Hebräisch. 2 St. w. Prof. Salomon. Wiederholung und Vervollständigung der Formenlehre, besonders der Declinationen, Lectüre des II. Buchs Samuelis und der Psalmen nebst Durchnahme schriftlich bearbeiteter in der Classe nicht gelesener Psalmen.

II. Ober-Secunda.

Ordinarius: Professor Salomon.

Religion. 2 St. w. Der Director. Lectüre und Erklärung der Apostelgeschichte nach dem Griechischen Texte. Auswendiglernen von Kirchenliedern.

Deutsch. 2 St. w. Prof. Dr. Zimmermann. Schriftliche Aufsätze und freie Vorträge; die Hauptmomente der Deutschen Literatur mit besonderer Beziehung auf das Drama.

Latein. 10 St. w. Prof. Salomon. Im S. Cic. orat. in Catil., im W. Livius Lib. XXIX. u. XXX. in 4 St. Die Lehre vom Imperativ, Infinitiv, Participium, Gerundium und Supinum; Unterschied der Construction des Acc. c Inf. und der Partikeln ut u. quod mit schriftlichen Ausarbeitungen in 3 St. Prof. Zimmermann Virgil's Aeneis Lib. I. — IV. und metr. Uebungen in 3 St.

Griechisch. 6 St. w. Prof. Dr. Richter. Hom. Odyss. XXII—XXIV. o. I—IX. 2 St.; im S. Plato's Apologie u. Crito, im W. Isocr. Paneg, 2 St.; Herodot. I. 140 — II. 130 1 St.; Syntax und Extemporalien 1 St.

Französisch. 2 St. w. Prof. Dr. Zimmermann. Extemporalien zur Uebung in der Syntax; Uebersetzen aus Mager's Tableau anthol. T. II. ins Deutsche; aus Fränkel's Anthologie Franz. Prosaiker (2. Cursus) ins Französische. Bei der Lectüre wurden mündliche Uebungen durch Wiederholung des Gelesenen angestellt.

Geschichte und Geographie. 3 St. w. Prof. Dr. Zimmermann. Römische Geschichte bis zur Regierung Justinians I.

Mathematik. 4 St. w. Oberl. Dr. Bertram. Trigonometrie 2 St.; Logarithmen, quadratische Gleichungen, die arithmetische und geometrische Reihe, 2 St.

Physik. 1 St. w. Oberl. Dr. Bertram. Allgemeine Physik.

Zeichnen. 1 St. w. S. Prima.

Hebräisch. 2 St. w. Prof. Salomon. Wiederholung und Vervollständigung des regelmässigen Verbi, die Verba mit Suffixis, die unregelmässigen Verba und die Declinationen, verbunden mit schriftlichen Uebungen; Lectüre historischer Stücke nach dem Lesebuch von Gesenius.

III. Unter-Secunda.

Ordin.: Coet. A. Prf. Dr. Richter; Coet. B. im S. ders., im W. Prf. Dr. Zimmermann.

Religion. 2 St. w. Coet. A. B. Prof. Dr. Richter. Einleitung u. Einführung in den Inhalt der Bücher der heiligen Schrift, nach dem Hülfsbuch von Hollenberg, im S. des A. T., im W. des N. T. Auswendiglernen von Kirchenliedern.

Deutsch. 2 St. w. Prof. Dr. Jungk Coet. A. B. Lectüre der vorzüglichsten epischen Gedichte der Deutschen. Die Lehre von den rhetorischen und poëtischen Figuren. Freie Vorträge u. Stilübungen. Latein. 10 St. w. Prof. Dr. Riehter, im S. in beiden Coetus, im W. in Coet. B. Prof. Dr. Zimmermann. Curtius de gestis Alexandri ganz in 4 St. Syntax der Modi u. Extemporalien in 3 St., mündliches Uebersetzen aus Zumpt's Aufgaben 1 St., im W. Prof. Dr. Zimmermann. — Prof. Dr. Jungk. Ovid. Met. ausgewählte Stellen aus L. VII. VIII. XIII. XIV. Auswendiglernen einzelner Abschnitte 2 St., in beiden Coetus.

Griechisch. 6 St. w. Coet. A. im S. Oberl. Dr. Wolff, im W. Oberl. Dr. Schwartz. Homer's Odyss. IX—XI. 2 St.; Xen. Anab. III—V, 2 St. Verba anomala und Extemporalien 2 St. — Coet. B. Oberl. Beeskow dasselbe.

Französisch. 2 St. w. Oberl. Dr. Wolff. Extemporalien. Syntax nach Knebels Gramm. Uebersetzen aus Fränkel's tableaux historiques, zum Theil mit mündlicher Wiederholung des Uebersetzten in französ. Sprache.

Geschichte und Geographie. 3 St. w. Prof. Dr. Jungk. Geschichte der Orientalischen Staaten des Alterthums und der Griechen bis 146 v. Chr, verbunden mit der Geographie der alten Welt.

Mathematik. 4 St. w. Coet. A. Oberl. Dr. Bertram, Coet. B. Dr. Jungk. Gleichungen ersten Grades, Potenzen, Wurzeln, Logarithmen, 2 St. Aehnlichkeit und Ausmessung der Figuren, Berechnung des Kreises, 2 St.

Physik. 1 St. w. Coet. A. Oberl. Bertram, Coet. B. Dr. Jungk. Electricitätslehre.

Zeichnen. 1 St. w. S. Prima.

Hebräisch. 2 St. w. Prof. Salomon. · Elementarlehre mit Leseübungen; Conjugation bis zu den Guttural-Verben mündlich und schriftlich eingeübt; zuletzt Lectüre historischer Stücke nach dem Lesebuche von Gesenius.

IV. Ober-Tertia.

Ordinarius: Coet. A. im S. Prof. Dr. Keil, im W. Oberl. Beeskow; Coet. B. Oberl. Dr. Schwartz.

Religion. 2 St. w. Coet. A. B. Oberl. Dr. Schwartz. Im S. Erklärung des Jesaias; Repitition der Geschichte des Israelitischen Volkes nach Jesus Sirach c. 43 sqq. Im W. Psalmen mit besonderer Berücksichtigung der messianischen Verheissung. Psalmen u. Kirchenlieder wurden gelernt und die fünf Hauptstücke des Lutherischen Katechismus wiederholt.

Deutsch. 2 St. w. Coet. A. Dr. Hahn; Coet. B Oberlehrer Dr. Schwartz. Aufsätze, meist Erzählungen und Beschreibungen; Vorträge historischer Stücke und auswendig gelernter Gedichte; Erklärung von classischen Gedichten und von Proben mustergültiger Darstellungen aus der Deutschen Literatur; daneben Repetition der Grammatik mit besonderer Berücksichtigung der Lehre vom Periodenbau und von den Conjunctionen.

Latein. 9 St. w. im S., 10 St. im W. Coet. A. im S. Prof. Dr. Keil Caes. B. G. I—IV., im W. Oberl. Beeskow V—VII. in 4 St.; die Lehre von der Consecutio temporum und dem Conjunctiv nach Zumpt's Grammatik; Extemporalien 3 St.; Ovid. Met. 2 St. im S. Prof. Dr. Jungk, im W. Dr. Küster, ausgewählte Stücke. — Coet. B. Oberl. Dr. Schwartz im S. Caes. B. G. V—VII., im W. B. liv. 4 St.; Grammatik wie in Coet. A.; Ovid desgl. im S. Prof. Dr. Zimmermann, im W. Oberl. Dr. Schwartz.

Griechisch. 6 St. w. Coet. A. Oberl. Beeskow. Coet. B. im S. Oberl. Dr. Schwartz, im W. Dr. Küster. Die Abweichungen von der regelmässigen Conjugation, Verba auf $\mu\iota$ und die wichtigsten Anomala nebst Extemporalien, 3 St.; Uebersetzen aus Xenophon's Anabasis, im S. Lib. II, im W. Lib. I., 3 St.

Französisch. In jedem Coet. im S. 3 St. w. Prof. Dr. Zimmermann. 1 St. Uebersetzen aus dem Deutschen in's Französische mit Benutzung des 4. Cursus der Stufenleiter von Fränkel; 1 St. Lec-

türe des Conrs de leçon von Fränkel, 1 St. Extemporalien. Im W. 2 St. w. Dr. Langkavel:
1 St. Lectüre, 1 St. Erlernen von Regeln über die Modi mit Uebersetzen aus dem Deutschen in's
Französische und Extemporalien.
Geschichte und Geographie. 3 St. w. Coet. A. Dr. Hahn; Coet. B. Oberlehrer Dr.
Schwartz. Uebersicht der mittlern und neuern Geschichte mit besonderer Hervorhebung der Deutschen und Brandenburgisch-Preussischen, in Verbindung mit einer Uebersicht der Geographie Europas
und dem Anfertigen historischer Karten.
Mathematik. 3 St. w. In jedem Coet. Dr. Jungk II. Im W. Arithmetik, die vier ersten Re-
chenoperationen in ganzen und gebrochenen Buchstabenformeln; im S. Geometrie, die Lehre von den
Parallelogrammen und den Linien und Winkeln im Kreise nach Kambly Theil 2. §. 70—120. Ausserdem in 1 St. w. facultativ für die älteren Schüler Repetition des Cursus vom vorigen Halbjahre.
Naturkunde. 2 St. w. in jedem Coet. Collaborator Dr. Langkavel. Im S. Botanik; die
grössten und wichtigsten Pflanzenfamilien wurden an lebenden Pflanzen und die Arten auf Excursionen
gelehrt. Im W. Anfangsgründe der Krystallographie, Mineralogie und Geologie.
Zeichnen. 1 St. w. Lehrer C. F. Schmidt für die Schüler von beiden Coetus, welche daran
Theil zu nehmen wünschten, die Uebungen wie in Prima.

V. Unter-Tertia.

Ordinarius: im S. Oberlehrer Beeskow; im W. Dr. de Lagarde.

Religion. 2 St. w. Im S. Oberl. Beeskow, im W. Dr. de Lagarde. Im S. Geschichte
des A. T. und des Jüdischen Volkes bis auf Christi Geburt; im W. Apostelgeschichte. Auswendiglernen von Kirchenliedern.
Deutsch. 2 St. w. Schulamtscand. Richter. 1 St. Declamation; 1 St. Aufsätze, Lectüre und
mündliche Erzählungen aus Herodotos von Lange.
Latein. 9 St. w. im S. Oberl. Beeskow; im W. 10 St. Dr. de Lagarde. 1 St. Extempora-
lien; 2 St. Einübung der Casuslehre nach Zumpt's Grammatik; 4 St. Lectüre des Lat. Lesebuches von
Bonnell; 2 St. Phaedrus.
Griechisch. 6 St. w. Collab. Dr. de Lagarde Repetition des Pensums von Quarta. Verba
liquida und contracta, anomale Declination und Comparation, Exercitien 2 St.; Lectüre aus Gottschick's
Griech. Lesebuche 3 St.; Extemporalien 1 St.
Französisch. 3 St. w. im S. Collab. Dr. Langkavel. Extemporalien; Uebersetzen aus dem
Deutschen ins Franzö. nach Fränkel's Stufenleiter 3. Curs.; Lectüre aus Fränkel's Conrs de leçons 1.
Cursus. Im W. 2 St. w. Dr. de Lagarde.
Geschichte und Geographie. 3 St. w. Schulamtscand. Richter. Im S. Griechische Ge-
schichte; im W. Römische in Verbindung mit der alten Geographie.
Mathematik. 3 St. w. Dr. Jungk II. W. Arithmetik, die Rechnung mit Decimalbrüchen
und Berechnung von Zahlen- und Buchstabenformeln; im S. Geometrie, die Planimetrie bis zu der
Lehre von den Dreiecken incl. nach Kambly Tb. 2. Ausserdem in 1 St. facultativ für die älteren Schü-
ler Repetition des vorigen Cursus.
Naturkunde. 2 St. w. Collab. Dr. Langkavel. Im S. Pflanzenterminologie und Beschreibung
lebender Pflanzen mit Berücksichtigung des Linné'schen Systems. Auf Excursionen lernten die Schüler
die Pflanzen der Umgegend kennen. Im W. Allgemeine Uebersicht über die Classen des Thierreichs;
Beschreibung der wichtigsten Organe. Zum Grunde gelegt wurde der Leitfaden von Wunschmann.
Zeichnen. 1 St. w. Lehrer C. F. Schmidt für die Schüler, welche sich weiter auszubilden
wünschten. Es wurden Baumstudien, Landschaften und Köpfe gezeichnet.

VI. Quarta.

Ordinarius: Coet. A. im S. Collab. Lic. Dr. de Lagarda, im W. Collab. Dr. Küster;
Coet. B. Oberlehrer Dr. Wolff.

Religion. 2 St. w. im S. Collab. Dr. de Lagarde, im W. Oberl. Dr. Wolff. Die evangelischen Perikopen des Kirchenjahres und der Lutherische Katechismus. Uebersicht der biblischen Bücher. Auswendiglernen von Kirchenliedern.

Deutsch. 3 St. w. Coet A. im S. Schulamtscand. Dr. Pappenheim, im W. Dr. Küster; Coet. B. Im S. Schulamtscand. Meyer, im W. Schulamtscand. Dr. Malkewitz. Aufsätze, Extemporalien. Lehre von dem zusammengesetzten Satze; Stücke aus Wackernagel's Deutschem Lesebuche Theil I. gelesen; Declamiren.

Latein. Im S. 9 St., im W. 10 St. w. Coet. A. im S. Dr. de Lagarde, im W. Dr. Küster; Coet. B. Oberl. Dr. Wolff. Wiederholung der Formenlehre, Verba anomala, conjugatio periphrastica, das Wichtigste der Wortbildung, mit Zugrundlegung des Abschnitts von den unregelmässigen Zeitwörtern in Bonnells Vocabular. 4 St, Extemporalien und Exercitien 1 St.; Cornelius Nepos mit Anfertigung schriftlicher Uebersetzung 4 St.

Griechisch. 6 St. w. Die jüngern Schüler vereinigt (Graeca quinta). Im S. Schulamtscand. Dr. Schulze, im W. Oberl. Beeskow. Lautlehre, die regelmässige Declination und Comparation, είμί, Pronomina, Zahlwörter, das Activum des Verbom purum non contractum. Uebersetzen aus Gottschicks Lesebuch, wöchentliche Extemporalien. — Die ältern Schüler vereinigt (Graeca quarta) Schulamtscand. Dr. Pappenheim. Wiederholung der Declination, Pronomina, Zahlwörter; anr. Comparation, Verbum mutum, nach Krüger; Lectüre aus Gottschick's Lesebuch; wöchentliche Extemporalien; Memoriren übersetzter Sätze, 6 St.

Französisch. 2 St. w. im S. Coet A. Dr. de Lagarde, Coet. B. Dr. Wolff; im W. Coet. A. Dr. Küster, Coet. B. Dr. Pappenheim. Uebersetzen aus Fränkel's Lesebuche; Erlernen der unregelmässigen Zeitwörter; Extemporalien.

Geschichte und Geographie. 3 St. w. Im S. in jedem Coetus Oberl. Dr. Schwartz; im W. Coet. A. Oberl. Dr. Schwartz, Coet B. Schulamtscand. Dr. Malkewitz Geschichte des Brandenburgisch-Preussischen Staats nebst einer Uebersicht über die Geographie desselben, verbunden mit Anfertigen von Karten.

Mathematik und Rechnen. 3 St. w. In jedem Coet. Dr. Jungk II. Im S. u. W. 1 St. die bürgerlichen Rechnungen; 2 St. planimetrische Vorübungen.

Zeichnen. 2 St. w. Lehrer C. F. Schmidt. Uebungen im freien Handzeichnen nach grossen Vorbänge- und Vorlegeblättern. Häusliche Arbeiten nach Vorlegeblättern.

VII. Quinta.

Ordinarius: Collaborator Dr. Langkavel.

Religion. 2 St. w. Dr. Langkavel. Das Leben Jesu; im S. nach Matthäus, im W. nach Lucas und die Apostelgeschichte. Auswendiglernen von Kirchenliedern und des Lutherischen Katechismus.

Deutsch. 3 St. w. Dr. Langkavel. 1 St. Orthographische und leichte stilistische Uebungen, Einübung des Hauptsächlichsten aus der Satzlehre; 1 St. Lesen aus August's Lesebuche; 1 St. Vortrag auswendig gelernter Gedichte.

Latein. 9 St. w. Dr. Langkavel. 5 St. Uebersetzen aus den Lateinischen Uebungsstücken von Bonnell. Einzelne Erzählungen wurden memorirt und mündliche Uebungen an dieselben geknüpft; 3 St. Einübung der Formenlehre, hauptsächlich der unregelmässigen Verba nach Bonnells Vocabularium, der Comparation, der Pronomina und der Ausnahmen von den Hauptregeln über das Genus; Exercitien und mündliche Uebungen aus den Uebungsstücken von Beeskow; 1 St. Extemporalien.

Französisch. 3 St. w. Dr. Hahn. 1 St. Lesen und Uebersetzen aus Fränkel's Lesebuch für den ersten Unterricht in der Franz. Sprache; 1 St. Einübung der Aufangsgründe der Grammatik, namentlich der regelmässigen Conjugation; 1 St. Exercitien und Extemporalien.

Geographie. 3 St. w. Dr. Hahn. Im S. Geo- und Hydrographie von Asien, Africa, America, Australien; Im W. von Europa nach Voigts Leitfaden 2. Cursus.

Rechnen. 3 St. w. Dr. Hahn. Bruchrechnung nach Fölsing's Rechenbuch Th. I.

Zeichnen. 2 St. w. Lehrer C. F. Schmidt. Uebungen im freien Handzeichnen nach grossen Vorhänge- und Vorlegeblättern. Häusliche Arbeiten nach den Vorlegeblättern von Busch (Heft II.).

Schreiben. 3 St. w. Lehrer C. F. Schmidt.

VIII. Sexta.

Ordinarius: Oberlehrer Dr. Töpfer, seit Pfingsten Schulamtscand. Dr. Schulze.

Religion. 3 St. w. Dr. Töpfer, sp. Dr. Schulze. Alttestamentliche Geschichte bis David nach ausgewählten Abschnitten aus den betreffenden Büchern des A. T. Auswendiglernen von Bibelversen und Kirchenliedern.

Deutsch. 3 St. w. Dr. Töpfer, sp. Dr. Hülfslehr. Heinze. Die Wortarten u. der einfache Satz, Uebungen im Lesen und Wiedererzählen nach dem Berlinischen Lesebuche, 2 St.; Extemporalien zur Einübung der Rechtschreibung und Decliniren, 1 St.

Latein. 9 St. w. Dr. Töpfer, sp. Dr. Schulze. Die regelmässige Declination und Conjugation, die Comparation der Adjectiva und die Präpositionen nach Zumpt's Grammatik. Uebersetzen aus dem Latein. Uebungsstücken von Bonnell, Extemporalien aus Beeskows Uebungsstücken. Vocabellernen nach Bonnells Vocabularium, I. Sachlicher Theil 8 St. — Der Director Repetition des in der Woche Gelernten, 1 St.

Geographie. 4 St. w. Dr. Hahn. Horizontale Beschaffenheit der Erdoberfläche. Voigts Leitfaden 1. Cursus.

Rechnen. 4 St. w. Hülfslehrer Heinze. Die vier Species mit unbenannten und benannten Zahlen.

Zeichnen. 2 St. w. Lehrer C. F. Schmidt. Uebungen im freien Handzeichnen nach Vorlegeblättern. Häusliche Arbeiten nach den Vorlegeblättern von Busch (Heft 1.).

Schreiben. 3 St. w. Lehrer C. F. Schmidt.

Der Gesang-Unterricht am Gymnasium

wurde vom Musik-Director Küster in der ersten und zweiten Singeclasse In 5 St. w. geleitet. In der ersten Classe wurden fast sämmtliche Chöre aus der Schöpfung von J. Haydn, einige aus dem Oratorium Paulus von Mendelssohn-Bartholdy, dessen 42. Psalm, ein Psalm von Grell, die Macht des Gesanges und einige Chöre aus der Glocke von Romberg, ausserdem Choräle und vierstimmige Lieder gesungen.

Die zweite Classe wurde in den nothwendigsten Vorkenntnissen und im Singen einstimmiger Choräle und zweistimmiger Lieder aus Erk's Liederkranz unterrichtet.

Den übrigen Gesang-Unterricht ertheilte Herr Bellermann, in Sexta 2 St. w. Notenkenntniss, Vorzeichnung der Tonarten, Tonleitern und leichte Uebungen in einstimmigen Chorälen und Liedern; in Quinta 2 St. w. Einübung von zweistimmigen Chorälen Liedern und Motetten.

Vertheilung der Stunden unter die Lehrer im Winter-Semester 1859—1860.

Lehrer.	Ordin. von	Prima A.	Prima B.	Ober-Sec.	Unter-Sec. A.	Unter-Sec. B.	Ober-Tertia A.	Ober-Tertia B.	Unter-Tertia.	Quarta A.	Quarta B.	Quinta	Sexta.
Director Bonnell		2 Religion 4 Geschichte 3 Latein		2 Relig.									1 Latein
Prof. Salomon	Ob. II	6 Grch. 2 Hebräisch	6 Grch. 2 Hebräisch	7 Latein 2 Hebr.	2 Hebräisch								
Prof. Dr. Jungk I.	I. A. u. B.	3 Dtsch.	3 Dtsch.		2 Dtsch. 3 Gesch. 2 Latein	2 Dtsch. 3 Gesch. 2 Latein							
Prof. Dr. Zimmermann		2 Franz.		2 Dtsch. 2 Franz. 3 Gesch 3 Latein	8 Latein								
Oberl. Beeskow	Ob III A.					6 Grch.	8 Latein 6 Grch			6 Grch.			
Prof. Dr. Richter	U. II. A. u. B.	5 Latein	2 Latein	6 Grch.	8 Latein 2 Religion								
Oberlehrer Dr. Jungk II.						4 Math. 1 Physik	3 Math.	3 Math.	3 Math.	4 Math u. Rechn.	3 Math u. Rechn.		
Oberl. Dr. Schwartz	Ob. III. B.					6 Grch		2 Religion 3 Gesch. u.Geogr.	10 Lat. 2 Dtsch 3 Gesch. u.Geogr.	3 Gesch. u.Geogr			
Oberl. Dr. Wolff	IV. B.			6 Latein 2 Franz		2 Franz.	2 Franz			10 Lat. 2 Religion			
Oberl. Dr. Bertram		4 Math. 2 Physik	4 Math 2 Physik	4 Math. 1 Physik	4 Math. 1 Physik								
Collaborator Dr. de Lagarde	U. III.								10 Lat. 6 Grch. 2 Relig. 2 Franz.				
Collaborator Dr. Langkavel	V.						2 Franz. 2 Naturg	2 Franz. 2 Naturg	2 Naturg			2 Relig. 9 Latein 3 Dtsch.	
Collaborator Dr. Küster	IV. A.						2 Latein	6 Grch	10 Lat. 2 Dtsch				

I. Themata zu den freien Deutschen und Lateinischen Aufsätzen,
welche von den Schülern der Prima im Laufe des Schuljahres geliefert worden sind.

A. Deutsche Aufsätze in beiden Coetus.

1) Ueber historische Grösse und Tugend oder Caesar und Cato.
2) Ueber den Unterschied des Antiken und Romantischen.
3) Ueber das höchste Moralprincip
4) Inwiefern ist Schiller subjectiv, Göthe objectiv zu nennen?
5) Liegt die Ursache der Zerstückelung Deutschlands im Charakter der Deutschen oder in unverschuldeten Schicksalen?
6) Ueber Anmuth und Würde nach Schiller.
7) Ueber das tragische Motiv in Schillers Demetrius.
8) Der rhodische Genius nach A. v. Humboldt.
9) Ueber den Begriff des Wortes Freiheit.

B. Lateinische Aufsätze.
a) Häusliche Arbeiten im Sommer 1859.

Im Coetus A.

1) *Coriolanus plane alter Themistocles Cic. Brut. II.*
2) *Quibus rebus motus Cicero extrema vitae aetate philosophiae operam dedit?*
3) *Ciceronem in consulatu suo ea quae de re publica administranda praecepit de off. I. 25 secutum esse probatur.*
4) *Philippum, Macedonum regem, rebus gestis minorem, humanitate majorem fuisse Alexandro filio existimo (Cicero de off. I extr.).*

Im Coetus B.

1) *De vita et rebus gestis Coriolani.*
2) *Germanici oratio qua Romanos ad pugnam adversus Germanos adhortatur (Tac. Ann. II, 14) oder Arminii oratio, qua Germanos ad pugnam adversus Romanos adhortatur (ibid.)*
3) *Fabiorum ad Cremeram et Spartanorum ad Thermopylas caedes inter se comparantur.*
4) *Quibus rebus factum sit, ut ingentes Xerxis Persarum regis copiae a parva Graecorum manu vincerentur.*

Im Winter 18⁵⁹/₆₀.
Im Coetus A.

1) *Quae Critonis in dialogo Platonis, qui Crito inscribitur, partes sint?*
2) *Οὐ τὸ ζῆν περὶ πλείστον ποιητέον, ἀλλὰ τὸ εὖ ζῆν. Platon. Crit. p. 486. (Chrie.)*
3) *Comparatio P. Clodii cum L. Saturnino.*
4) *Ciceronis de optimatibus Romanis sententia, oder Argumentum orationis pro P. Sestio, oder Hom. Iliadis liber XXIII. utrum totius carminis pars necessaria an non?*

Im Coetus B.

1) *Vita Horatii oder Vita P. Cornelii Scipionis (majoris).*
2) *Quam vim in antiquissimorum Graecorum animos poesis exercuerit, exemplis probetur.*
3) *De Horatii versu „vis consili expers, mole ruit sua", — oder Clodii in T. Annium Milonem orationis I. pars.*
4) *De mendacio, — oder Clodii in T. Annium Milonem orationis II. pars.*

b) Extemporal-Aufsätze in Coetus A.

1) *Bene monuisse Horatium (Carm III, 2, in.) „Augustam amice pauperiem pati condiscat acri militia puer" exemplis historiae probetur.*
2) *Quantum valuerit in civitatibus veteribus ars dicendi, et quantam operam ei impenderint homines.*
3) *Quo jure Horatius (Carm. IV, 2, 37 - 40) dixerit: „Quo nihil majus meliusve terris Fata donavere — priscum", assumpto carmine I', disputetur.*
4) *Tribunicia potestas utrum plus profuerit an nocuerit reipublicae Romanae. Oratio aetate Ciceronis habita.*

II. **Themata zu d. freien Deutschen u. Lateinischen Aufsätzen u. d. mathem. Aufgaben,** deren Bearbeitung bei dem Abiturienten-Examen im letzten Schuljahre gefordert worden sind.

A. Deutsche Aufsätze.

Michaelis 1859: Inwiefern kann die Originalität eines Dichters mit der Nachahmung fremder Geisteswerke vereinigt sein? Zu erörtern an dem Verhältniss der Odyssee zur Aeneis und der Loise von Voss zu Hermann und Dorothea von Goethe.

Ostern 1860: Wie hat sich das Drama aus den übrigen Gattungen der Poesie entwickelt und inwiefern ist es als eine Vereinigung derselben zu betrachten?

B. Lateinische Aufsätze.

Michaelis 1859: *Quaeritur, quibus rebus factum sit, ut ingentes Xerxis, Persarum regis, copiae a parva Graecorum manu vincerentur.*

Ostern 1860: *Quibus maxime heroibus celebrandis studuit Homerus in Iliade?*

C. Mathematische Aufgaben.

I. Michaelis 1859.

1) Ein mit Wasser gefülltes Fass soll in 12 Tagen bis zur Hälfte geleert werden, und zwar täglich um denselben Bruchtheil seines jedesmaligen Inhalts. Wie gross ist dieser Bruchtheil?

2) Ein Dreieck hat die Seiten $a = 13$, $b = 14$, $c = 15$; ein Kreis ist so in dasselbe eingeschrieben, dass sein Mittelpunkt in c liegt, und a und b Tangenten sind. Wie gross ist der Radius des Kreises?

3) In einem Kreise mit dem Radius $= 1$ rollt ein anderer, dessen Radius $= \frac{1}{2}$ ist; welche Curve beschreibt ein Punkt, der um $\frac{1}{4}$ vom Mittelpunkt des rollenden Kreises entfernt ist?

4) Von einem Cylinder soll die Diagonale des Axenschnitts $= 1$ sein, und das Volumen ein Maximum; wie gross ist die Höhe zu nehmen?

II. Ostern 1860.

1) Von einer dreiseitigen Pyramide sind die Kanten
$$SA = 3, \quad SB = 4, \quad SC = 5,$$
die Winkel $ASB = 24° 12'$
$BSC = 38° 8'$
$CSA = 40° 14'$,
wie gross ist das Volumen?

2) Von einem Kreisviereck sind die Seiten 9, 10, 17, 13. Wie gross sind die Winkel und der Radius des umgeschriebenen Kreises?

3) $xy + xy^2 = 60$
$x + xy^2 + xy^4 = 189$.

4) Die $\sqrt{7}$ als einen gewöhnlichen Bruch in möglichst kleinen Zahlen zu schreiben, und die Grenze des dabei begangenen Fehlers anzugeben.

B. Verordnungen

des Königl. Hohen Ministeriums und des Hochlöblichen Schulcollegiums der Provinz Brandenburg.

1) Vom 2. April 1859. Empfehlung der evangelischen Schulgebete von Fr. W. Otto zu Erfurt.

2) Vom 14. Mai 1859. Jüdischen Schülern soll in den Fällen, wo die Eltern selbst beim K. Schulcollegio darum nachsuchen, die Dispensation vom Schulbesuch am Sonnabend ertheilt werden, wogegen die Schule keinerlei Verantwortung für die aus derartigen Schulversäumnissen bei den betreffenden Schülern entstehenden Folgen übernimmt.

3) Vom 17. Juni 1859. Bekanntmachung die Anmeldung von Civil-Eleven für den am 1. October d. J. beginnenden Cursus der K. Central-Turnanstalt in Berlin betreffend.

4) Vom 31. October 1859. Den Primanern wird die Vergünstigung gewährt, am 5. November von 11—1 Uhr unter Leitung eines Lehrers die in der K. Akademie der Künste aufgestellten Cartons von Cornelius unentgeltlich zu sehen.

6*

44

5) Vom 8. Februar 1860. Die Reception solcher Schüler, welche von einer anderen Lehranstalt abgegangen sind, darf nur auf Grund eines Abgangszeugnisses von der früher besuchten Schule stattfinden

6) Vom 22. Februar 1860. An Stelle der seitherigen Monatsberichte soll in Zukunft vierteljährlich ein Bericht über die bei der Anstalt vorgefallenen bemerkenswerthen Ereignisse, ausserdem über ausserordentliche Vorkommnisse sofort ein Specialbericht erstattet werden.

7) Vom 29. Februar 1860. Ermächtigung zu einer besonderen Schulfeier am 19. April c. dem dreihundertjährigen Todestage Philipp Melanchthons.

Zur Erinnerung. Die Anmeldung zum einjährigen freiwilligen Militairdienst darf frühestens im Laufe desjenigen Monats erfolgen, in welchem das 17. Lebensjahr zurückgelegt wird, und muss spätestens bis zum 1. Februar desjenigen Kalenderjahrs stattfinden, in dem das 20. Lebensjahr vollendet wird. Bis zum 1. April des letztgedachten Jahres muss der Nachweis der Berechtigung geführt sein.

C. Chronik des Gymnasiums.

1. Eröffnung des Schuljahres.

Das laufende Schuljahr, welches am 29. März mit Vertheilung der halbjährlichen Zeugnisse und Bekanntmachung der Versetzungen geschlossen wird, wurde Freitag den 29. April v. J. mit einer den Schulstunden vorangehenden angewiesenen Feierlichkeit eröffnet. Der Wintercursus begann am 13. October v. J.

2. Veränderungen im Lehrer-Personale.

Am 22 Juli 1859 verloren wir durch den Tod den Oberlehrer Dr. Johann Gottfried Töpfer. Er war am 7. Juni 1807 zu Egsdorf bei Luckau geboren, wo sein Vater Schäfer war. Seine Bildung erhielt er auf dem Gymnasium zu Luckau und den Universitäten Leipzig und Halle. Nachdem er in Halle zum Doctor der Philosophie promovirt war, wurde er am 9. October 1830 als 4. Lehrer am Gymnasium zu Luckau angestellt und wirkte an demselben mit Erfolg und Anerkennung als philologischer Lehrer der oberen Klassen bis zum März 1851. Die politischen Stürme des Jahres 1848 hatten ihn mitfortgerissen; er war durch Schrift und Rede für die damalige demokratische Bewegung thätig gewesen, dies zog ihm Verwarnung, Suspension vom Amte, Anklage vor dem Disciplinarhofe und schliesslich am 27. September 1851 Amtsentsetzung zu. Ein harter Schlag für eine Vater von 6 unerwachsenen Kindern ohne Vermögen. Es folgte jetzt für ihn eine Zeit schwerer Prüfungen, die er mit Ergebung trug, eifrig bemüht sich einen neuen Wirkungskreis zu schaffen und in demselben die in dem innersten seiner Seele nie verletzte Treue gegen König und Vaterland zu bewähren. Er erhielt auch bald wieder die Erlaubniss, an öffentlichen Lehranstalten vertretungsweise zu unterrichten, und so fand er vorübergehend Beschäftigung am Gymnasium zu Neu-Ruppin und am hiesigen Köllnischen Realgymnasium. Nachdem er durch die Gnade der königlichen höchsten Behörden vollständig rehabilitirt war, wurde er Michaelis 1855 vom Hochedlen Magistrat für die erledigte letzte Lehrerstelle unsers Gymnasii gewählt. Es konnte ihm, ohne bewährte Ansprüche zu verletzen, bei uns kein seiner früheren Wirksamkeit und Gelehrsamkeit entsprechender Standpunkt angewiesen werden, er fand sich aber mit der ihm eigenthümlichen Milde, Anspruchslosigkeit und Willigkeit in den ihm früher unbekannten Unterricht selbst der jüngsten Schüler unserer Anstalt, die er mit väterlicher Sorgfalt und Freundlichkeit leitete. Erst zu Ostern 1859 war es möglich, ihm wieder Griechische Stunden in einer obern Klasse zu übertragen, da erkrankte er plötzlich am Pfingstheiligabend an einer Lungenentzündung, deren Folgen er während der Sommerferien erlag. Schon in früheren Jahren hatte er wiederholentlich so an der Lunge gelitten, dass er sogar ernstlich damit umgegangen war, sein Lehramt aufzugeben. Seine treue Lebensgefährtin war ihm ein Jahr vorher in den Tod vorangegangen; er hinterlässt 6 Söhne und 1 Tochter, von denen das älteste 1842, das jüngste 1856 geboren ist. Seine schriftstellerischen Erzeugnisse sind: 1) Commentatio critica de aliquot locis Sophoclis 1831. 2) Philosophische Betrachtungen über den Accus. c. Inf 1836. 3) Philosophische Betrachtungen über *ut* und *quod* Th. 1. 1842. 4) Th. II. nebst einer Theorie über *av*; sämmtlich Abhandlungen zum Luckauer Gymnasialprogramm.

Zu Ostern verliess uns der Professor Herr Dr. Heinrich Kell, welcher seit Michaelis 1855 die 4 Oberlehrerstelle an unserm Gymnasio bekleidet hat, einem Rufe zum ordentlichen Professor an der Universität Erlangen folgend. Wir freuen uns den diesen so ausgezeichneten Gelehrten und Kenner des Lateinität einige Jahre als Mitarbeiter gehabt zu haben, zugleich aber auch, dass ihm in noch frischer Kraft ein für seine wissenschaftlichen Bestrebungen noch geeigneterer Wirkungskreis, als es ein Gymnasium sein konnte, zutheil geworden ist.

Die beiden erledigten Lehrerstellen wurden so wieder besetzt, dass sämmtliche Lehrer vom Oberlehrer Herrn Beeskow an um eine Stelle aufgerückt, für die 11. der Oberlehrer am Gymnasium zu Stolp Herr Dr. Klemens, für die 13. der bisherige Lehrer am Gymnasium zu Prenzlau Herr Dr. Küster vom Hochedlen Magistrate erwählt sind. Herr Dr. Klemens kann sein amtliches Verhältniss zu Stolp erst Ostern d. J. lösen, Herr Dr. Küster ist zu Michaelis v J. bei uns eingetreten. Samuel Sigismund Emanuel Wilhelm Köster, geb. den 25. Nov. 1824 zu Lychen in der Uckermark, erhielt seine Gymnasialbildung auf unserm Gymnasio, begann ebendaselbst sein Probejahr 1851 und vollendete es am Gymnasio in Gubon, wo seine Beschäftigung als ausserordentlicher Hülfslehrer bis Ostern 1853 dauerte. Hierauf wurde er in gleicher Eigenschaft bei dem Gymnasio in Prenzlau angestellt. Michaelis 1854 rückte er dort als Collaborator in die 7. ordentliche Lehrerstelle, welche er bis Michaelis 1859 inne hatte. — So hofft das Gymnasium die erlittenen Verluste durch die Erwerbung von zwei schon bewährten Lehrkräften wieder ersetzt zu haben.

Als Hülfslehrer trat zu Ostern der Schulamtscandidat Dr. Malkewitz ein. Zur Ableistung ihres pädagogischen Probejahrs waren im Sommersemester beschäftigt die Schulamtscandidaten Herr Dr. Heinrich Wilhelm Schaefer und Herr Julius Felix Oscar Meyer; beide verliessen uns zu Michaelis wieder, der erstere ging als Lehrer an das Gymnasium zu Bremen, der letztere als Adjunct an das K. Pädagogium zu Putbus.

Vom Herrn Minister der geistlichen, Unterrichts- und Medicinal-Angelegenheiten Herrn von Bethmann-Hollweg Excellenz ist auf Antrag des K. Hochlöblichen Schulcollegii l. Verf. v. G. Mai 1859 dem Herrn Oberlehrer Dr. Richter das Prädikat „Professor" verliehen worden, für welche auch unserm Gymnasio dadurch widerfahrene Auszeichnung meinen gehorsamsten Dank hier auszusprechen, ich mich verpflichtet fühle.

3. Jetzige Lehrer des Gymnasiums.

Ausser dem Director unterrichten am Gymnasio: 1) Hr. Prorector Prof. Salomon. 2) Hr. Conrector Prof. Dr. Jungk I. 3) Hr. Subrector Prof. Dr. Zimmermann. 4) Hr. Oberlehrer Beeskow. 5) Hr. Prof. Dr. Richter. 6) Hr. Oberlehrer Dr. Jungk II. 7) Hr. Oberlehrer Dr. Schwartz. 8) Hr. Oberlehrer Dr. Wolff. 9) Hr. Oberlehrer Dr. Bertram. 10) Hr. Collaborator Lic. Dr. de Lagarde. 11) vacat. 12) Hr. Collaborator Dr. Langkavel. 13) Hr. Collaborator Dr. Küster. 14) Hr. Zeichen- und Schreiblehrer, akademischer Künstler C. F. Schmidt. — Als Mitglieder des Seminars für gelehrte Schulen 15) Hr. Bernhard Richter. 16) Hr. Dr. Hahn. — Als Hülfslehrer: die Schulamtscandidaten 17) Hr. Heinze. 18) Hr. Dr. Pappenheim. 19) Hr. Dr Malkewitz. — Für den Gesang: 20) Hr. Musikdirector Küster. 21) Hr. Musikdirector Schneider. 22) Hr. Gesanglehrer Bellermann. — Für die juristische Propädeutik: 23) Hr. Geheime Justizrath Dr. Rudorff.

D. Statistische Nachrichten.

Die Zahl der Schüler betrug im ersten Semester des abgelaufenen Schuljahrs 475, im zweiten 466. Davon befinden sich in Prima Coet. A, 33, Coet. B, 32, in Ober-Secunda 54, in Unter-Secunda Coet. A. 37, Coet. B. 35, in Ober-Tertia Coet. A. 33, Coet. B. 32, in Unter-Tertia 62, in Quarta Coet. A. 39, Coet. B. 34, in Quinta 37, in Sexta 38.

Von Ostern 1859 bis zum Anfange des letzten Quartals wurden 124 Schüler aufgenommen, 114 entlassen; unter diesen mit dem Zeugniss der Reife:

Zu Ostern 1859:

1) Carl Wilhelm Wernicke, 21 Jahr alt, aus Berlin, 7 Jahr auf der Anstalt, 2 Jahr in Prima, studirt Mathematik und Naturwissenschaften.

2) Carl Wilhelm Lichtenberg, 17½ Jahr alt, aus Berlin, 6 Jahr auf der Anstalt, 2 Jahr in Prima, studirt Theologie und Philologie.

3) Maximilian Berend, 17½ Jahr alt, aus Dessau, 4 Jahre auf der Anstalt, 2 Jahr in Prima, studirt Mathematik und Naturwissenschaften.

4) Christian Gottlieb Rudolf Paprosch, 21½ Jahr alt, aus Cottbus, 1¼ Jahr auf der Anstalt, 1½ Jahr in Prima, studirt Medicin.

5) Carl Rudolf Backoffner, 20 Jahr alt, aus Berlin, 7 Jahr auf der Anstalt, 2 Jahr in Prima, studirt die Staatswissenschaften.

6) Max Leopold Hedemann, 19½ Jahr alt, aus Berlin, 7 Jahr auf der Anstalt, 2 Jahr in Prima, studirt Jura und Cameralia.

7) Friedrich August Dickmann-Becker, 19½ Jahr alt, aus Berlin, 10 Jahr auf der Anstalt, 2 Jahr in Prima, studirt Theologie.

8) Ernst Georg Golling, 20 Jahr alt, aus Deetz bei Gross-Kreutz, 7½ Jahr auf der Anstalt, 2 Jahr in Prima, studirt Theologie.

9) Carl Ferdinand Eduard Alfred Jaehnigen, 19½ Jahr alt, aus Berlin, 6½ Jahre auf der Anstalt, 2 Jahr in Prima, studirt Jura und Cameralia.

10) Raimund Emanuel v. Caprivi, 18 Jahr alt, aus Frankfurt a. O., 8½ Jahr auf der Anstalt, 2 Jahr in Prima, widmet sich dem Militairstande.

11) Johann Georg Lippert, 18 Jahr alt, aus Schwedt a. O., 1½ Jahr auf der Anstalt, 1½ Jahr in Prima, studirt Jura.

12) Ernst Friedrich August Bartels, 19 Jahre alt, aus Berlin, 1½ Jahr auf der Anstalt, 1½ Jahr in Prima, studirt Jura und Cameralia.

13) Arwed Emil Bogislaw Andre, 20¾ Jahr alt, aus Wittenberg, 1 Jahr auf der Anstalt, 1 Jahr in Prima, studirt Philologie.

14) Werner Otto Meinhard Vogelsang, 20½ Jahr alt, aus Halle in Westphalen, 1 Jahr auf der Anstalt, 1 Jahr in Prima, studirt Jura und Cameralia.

Zu Michaelis 1859:

1) Ernst Friedrich Johannes v. Saldern, 20 Jahr alt, aus Potsdam, 4 Jahr auf der Anstalt, 2 Jahr in Prima, studirt Jura und Cameralia.

2) Ferdinand Emil Koch, 19 Jahr alt, aus Stettin, 3½ Jahr auf der Anstalt, 2 Jahr in Prima, studirt Jura und Cameralia.

3) Heinrich Ernst Rudolf Laue, 21½ Jahr alt, aus Nieder-Finow bei Neustadt E.-W., 6 Jahr auf der Anstalt, 3 Jahr in Prima, widmet sich dem Postfach.

4) Wilhelm Eduard Ludwig Wahländer, 19½ Jahr alt, aus Berlin, 6½ Jahr auf der Anstalt, 2½ Jahr in Prima, studirt Medicin und Chirurgie.

5) Arwed Theodor Paul Hellwig, 19½ Jahr alt, aus Lugk bei Kalau, 2½ Jahr auf der Anstalt, 2½ Jahr in Prima, studirt Medicin.

6) Joseph Philipp Eduard Knauff, 18½ Jahr alt, aus Coblenz, 6½ Jahr auf der Anstalt, 2 Jahr in Prima, studirt Jura und Cameralia.

7) Friedrich August Albrecht Lüdemann, 20 Jahr alt, aus Berlin, 5½ Jahr auf der Anstalt, 2 Jahr in Prima, studirt Jura und Cameralia.

8) Friedrich Wilhelm Sprockhoff, 23 Jahr alt, aus Brachlitz bei Freienwalde a. O., 4½ Jahr auf der Anstalt, 2 Jahr in Prima, studirt Theologie.

9) Hermann Eduard Lampson, 19½ Jahr alt, aus Berlin, 9 Jahr auf der Anstalt, 2 Jahr in Prima, widmet sich dem Kaufmannsstande.

10) Carl Wilhelm Ludwig Borkenhagen, 19½ Jahr alt, aus Schwetz, 8½ Jahr auf der Anstalt, 2 Jahr in Prima, studirt Theologie.

11) Julius Friedrich Wilhelm Görlits, 19½ Jahr alt, aus Schwedt a. O., 4½ Jahr auf der Anstalt, 2 Jahr in Prima, studirt Medicin.

12) Eduard Ernst Albert Sigismund Richard Salomon, 20 Jahr alt, aus Berlin, 12 Jahr auf der Anstalt, 2 Jahr in Prima, studirt Medicin.

Der Tod raubte uns im verflossenen Schuljahre drei Zöglinge: den 16. August v. J. den Sextaner Max Meyer, einen freundlichen hoffnungsvollen Knaben, am Nervenfieber; den 16. September den Primaner Rudolf Heros an der Lungenschwindsucht; den 15. November den Primaner Julius Paul am Typhus; die letzteren waren in ihr letztes Semester vor der Abiturientenprüfung eingetreten und hinterliessen den Ruf wohlgearteter und strebsamer Schüler; Paul hatte uns von Sexta an angehört und war in allen Classen den besten zugezählt worden. Schmerzerfüllt haben wir beide Jünglinge zur Gruft geleitet.

E. Lehrapparat des Gymnasiums und eingegangene Geschenke.

Für die Lehrer-Bibliothek wurden ausser den Fortsetzungen grösserer Werke und der wissenschaftlichen Zeitschriften durch Kauf erworben: Oeuvres historiques de Frédéric le grand, Huldreich Zwingli von Christoffel, Geschichte der Deutschen Freiheitskriege von Beitzke, Einleitung zu Caesars Commentarien über den Gallischen Krieg von Köchly u. Rüstow, Neanders christliche Dogmengeschichte, Wackernagel das deutsche Kirchenlied, Frankenheim Völkerkunde, Schleiermacher praktische Theologie, Einleitung ins N. T., Ueber die Schriften des Lucas, Vorlesungen über die Aesthetik, Entwurf eines Systems der Sittenlehre, Dialektik, Reden und Abhandlungen; W. Fix Uebersichten zur äussern Geschichte des Preuss. Staats, Herrmann der Raupen- und Schmetterlingsjäger, nebst mehreren kleineren für das Bedürfniss des Gymnasial-Unterrichts geeigneten Werken.

An Geschenken erhielt dieselbe : Vom K. Hochlöbl. Schulcollegio: Haupt Zeitschrift für deutsches Alterthum XI. 3, Riedel Novus codex diplom. Brandenburg. I. 16 17. 18, III. 1, Firmenich Germaniens Völkerstimmen Lief. 23. Von den Verlegern: 1) Heymann: Mayer Geschichte der franz. National-Literatur, Schmidt-Weissenfels Frankreichs moderne Literatur, ders. Ueber Heine, Heine; 2) Ferd. Hirt in Breslau: 7 Schulschriften; 3) Vieweg in Braunschweig: Pape's Deutsch-Griechisches Handwörterbuch von Sengebusch. Von einem Unbekannten: Mittheilungen der numismatischen Gesellschaft in Berlin. — Die Literatura gymnasii erhielt einen Zuwachs durch Sophokles' Ajax von G. Wolff, A. Zimmermann das heutige Italien, Pappenheim Friedrich Fröbel's Kindergarten. Darstellung und Beschreibung sämmtlicher in der Pharmacopoea Borussica aufgeführten officinellen Gewächse von Dr. Berg u. C. F. Schmidt Heft 12—14. — Die Literatura discipulorum gymnasii wurde vermehrt durch: L. Rellstab Drei Jahre von Dreissigen, O. Dambach Beiträge zu der Lehre von der Criminal-Verjährung, Fr. Sandvoss So spricht das Volk, Volksthüml. Redensarten, Anonym Woran uns gelegen ist.

Für die unter Leitung des Oberl. Dr. Schwartz stehende Schülerbibliothek wurde angeschafft: Smidt, Seeschlachten und Abentheuer berühmter Seehelden; Kletke, historische Bilder; Fritz Schwerin, fünf Edelleute aus vorigen Tagen; Floto, Dante Alighieri und seine Zeit; Fasch, was sich die Schlesier vom alten Fritz erzählen; Matthias, Seydlitz der Sieger von Rossbach; Schmidt-Weissenfels, Leben von Scharnhorst; Niemeyer, Heldenzug Herzogs W. v. Braunschweig; Nitsch, ein Stück Wittenberger Geschichte; Hirsch, Erinnerungen aus den Jahren 1807—1813; F. Schmidt, Schiller ein Lebensbild; Löttringhaus, Borussia; Cassel, Erfurter Bilder und Bräuche; Hahn, Kurfürst Friedr. I., Maukisch, Germania, Deutschlands wichtigste Ereignisse; Kane, zwei Nordpolarreisen zur Aufsuchung Franklins; Livingstone, Erforschungen im Innern Afrika's; Kletke, Jala Jala, die Colonie auf den Philippinen, Erlebnisse des Sir Thomas auf der Goldküste, Neues Panorama: Prähle, aus dem Harze; Layard, die Ausgrabungen in Ninive; Hocker, deutscher Volksglaube in Sang und Sage; Beowulf, Obers. von Simrock; Maudhardt, die Götterwelt der deutschen und nordischen Völker; W. Alexis, Dorothee, ein Roman aus der Brandenb. Geschichte, 3 Bde ; W. Alexis, Isegrimm, (vaterl. Roman); Glaubrecht, 8 Erzählungen; James, Lord Montagu's Page; Hesekiel, von Jena bis Königsberg.

Die Schulbüchersammlung zum Gebrauche unbemittelter Schüler hat sich wie bisher durch einzelne Geldgeschenke abgehender Schüler und die dazu verwendbaren Stiftungen ergänzt und erweitert. — Die naturwissenschaftliche Sammlung wurde sowohl durch Herstellung vorhandener Instrumente und durch Ersatz des Abgangs in brauchbarem Stande erhalten, als auch durch einen grossen Influenzapparat mit Condensator, eine Reciprok-Maschine nach Amerikanischem Modell, einen Apparat nach Eisenlohr, die Schwingungen der Luft darstellend, und mehrere kleinere Apparate vermehrt — Die Musikalien-Sammlung vergrösserte sich durch: Fischer Evangelisches Choral- und Melodienbuch, die vier Chorstimmen zu Haydn's Schöpfung, Händel's Sampson, Romberg's Macht des Gesanges in für die Gesangklassen ausreichenden Exemplaren.

An Geldgeschenken erhielt die Anstalt von dem Vorstande des Hülfsvereins für jüdische Studirende 15 Thaler, von dem Vorstande der hiesigen jüdischen Gemeinde 50 Thaler, Ueberschuss der Sammlung für die von den Primanern veranstaltete Abendunterhaltung 2 Thlr. 11 Sgr.

Für alle auch in diesem Jahre uns gewährten Geschenke sage ich unsern hochgeehrten Gönnern den verbindlichsten Dank und wünsche, dass das sittliche Verhalten und die wissenschaftlichen Leistungen unserer Schüler dem unserer Anstalt vielfach geschenkten Vertrauen und Wohlwollen immer mehr entsprechen mögen.

F. Ereignisse.

Auch unser Gymnasium beging die Feier des Säculargeburtstages Friedrich von Schillers am 11. November als ein Fest freudiger Erinnerung und erhebender Anregung. Der enge Hörsaal liess nur eine beschränkte Auswahl von Schülern aller Classen als Zeugen an der Hauptfeier zu, die aus dem Vortrage und Gesange Schillerscher Gedichte, eines vom Primaner Maximilian Poltzer verfassten Festgedichtes, einer vom Obersecundaner Grafen Anastasius Lunzi in Griechischer Sprache gedichteten Alcäischen Ode und aus der Festrede des Herrn Professor Dr. Jungk bestand. Aber zu einem allgemeinen Schul- und Volksfeste wurde die Feier durch die in allen Classen erfolgende Vertheilung der reichen Gaben, welche mit der dankenswerthesten Freigebigkeit sowohl von den städtischen Behörden als von dem Festcomité gespendet waren. Meinen Dank im Namen aller Empfänger hier auszusprechen halte ich für meine Pflicht. Die gewöhnlichen Schulfeierlichkeiten fanden in üblicher Weise statt. Am 15. October v. J. wurde der Geburtstag Sr. Majestät des Königs von den Lehrern und Schülern der oberen Klassen durch Gesang, Declamation und Reden festlich begangen. Den Gesang leitete der Musikdirector Herr Küster, die Festrede hielt der Collaborator Dr. de Lagarde. Die beiden Witteschen Preise erhielten die Primaner Ludwig Weniger und Emil Lehmann.

Die jährliche Erinnerung an das dritte Jubelfest der Kirchenreformation in der Mark Brandenburg wurde wie früher von den Lehrern und Schülern, soweit es der Raum zuliess, am 2. November v. J. gefeiert. Die Festrede wurde vom Primus omnium Alexander Gaedicke über „den Einfluss, welchen die Zersplitterung Deutschlands auf die Verbreitung und Befestigung der Kirchenreformation gehabt hat" gehalten. Die vom Hochedlen Magistrat überschickten drei Denkmünzen und eine Anzahl geeigneter Schriften vertheilte der Director an dazu auserlesene Schüler der verschiedenen Classen.

G. Ordnung der öffentlichen Prüfung, Mittwoch den 28. März.

Vormittags von 9 Uhr an.

I. Gesangclasse unter Leitung des Musikdirectors Küster: „Sei Lob und Ehr' dem höchsten Gut" Choral von Fasch.

Ober-Tertia Coet. A. B.: Latein Oberl. Dr. Schwartz. — Mathematik Oberl. Dr. Jungk II.

Unter-Secunda: Griechisch Oberl. Beeskow. — Geschichte Prof. Dr. Jungk I.

Ober-Secunda: Griechisch Prof. Dr. Richter. — Latein Prof. Salomon.

Rede des Abiturienten Maximilian Peltzer: Οὐ τὸ ζῆν ἀλλὰ τὸ εὖ ζῆν περὶ πλείστον ποιητέον.

Prima Coet. A. B.: Latein Oberl. Dr. Wolff. — Mathematik Oberl. Dr. Bertram.

I. Gesangclasse: a) Duett: So sind wir nun Botschafter.

b) Chor: Wie lieblich sind die Boten, von Mendelssohn-Bartholdy.

Rede des Directors zur Entlassung der Abiturienten.

Schlussgesang: Vollendet ist das grosse Werk, Chor von Haydn.

Nachmittags von 2½ Uhr an.

Sexta: Latein Dr. Schulze. — Deutsch Lehrer Heinze.

Quinta: Latein Collab. Dr. Langkavel. — Rechnen Schulamtscand. Dr. Hahn.

Quarta Coet. A. B.: Griechisch Dr. Pappenheim. — Latein Collab. Dr. Küster.

Unter-Tertia Coet. A. B.: Geschichte Schulamtscand. Richter. — Französisch Dr. de Lagarde.

Zu dieser öffentlichen Prüfung habe ich die Ehre, die Hohen und Hochgeehrten Königlichen und Städtischen Schulbehörden, die Eltern unserer Zöglinge, so wie alle Gönner und Freunde der Anstalt gehorsamst und ergebenst einzuladen.

Der Anfang des Sommercursus erfolgt Freitag den 13. April um 8 Uhr. Die Censuren und Versetzungen werden den Schülern am 29. März mitgetheilt. Zur Aufnahme neuer Schüler bin ich in meiner Wohnung (Kurstrasse No. 53, 2 Tr. hoch) vom 1. April an, mit Ausnahme der Festzeit, in den Vormittagsstunden von 9 — 12 Uhr bereit.

Bonnell, Director.